ルカ福音書を読もう 上

この世を生きるキリスト者

OIKAWA, Shin
及川 信

日本キリスト教団出版局

はじめに

本書は『ルカ福音書を読もう』という書名にあるように、ルカ福音書を読み通しながら神の語りかけを聴くことを目的としています。上下それぞれ四十回に分けて書きました。毎週一本ずつ書くと決めたものの、毎週の礼拝説教の準備もあり、決めたとおりにはいきませんでした。しかし、ルカ福音書をあらためて読み、その面白さに血沸き肉躍る思いを何度も味わいました。説教にいたる直前の黙想を書いたつもりですが、結果としては小説教になっているのかもしれません。

ルカ福音書は、ローマ帝国の軍隊によってエルサレムが完全に破壊された後に書かれたものです。ローマ帝国の手によってエルサレムが陥落したのは紀元七〇年ですから、それ以降です。紀元八〇年前後ではないかと考えられています。エルサレムの破壊は、ユダヤ人が各地に散らばっていくきっかけになりました。さらに重要なのは、神殿の破壊によってユダヤ教が律法の宗教として歩み始めたことです。それまでのユダヤ教は、大きく分ければエルサレム神殿の祭儀宗教（祭司、サドカイ派）と、各地にある会堂（シナゴーグ）を通して徹底されていった律法宗教（律法学者、ファリサイ派）の二本立てでした。しかし、エルサレム神殿が破壊されたことで、神殿を中心とした祭儀宗教は滅ぼされてしまったのです。ユダヤ人がユダヤ人として今後も生きていくためには、新しいユダヤ教の確立が急務でした。

イエスを救い主（キリスト）と告白するキリスト教は、聖霊降臨後もユダヤ教の一派のようにエルサレム神殿で礼拝していました（使徒3・1）。しかし、ユダヤ教が律法の宗教として自らを確立していく時期は、異邦人にも伝道を開始したキリスト教が自らを確立していく時期と重なります。結果として、両者は別の道を歩むことになります。

新約聖書と福音書

ルカ福音書が書かれたのが紀元八〇年頃であるとすれば、イエスを直接知っている使徒たちの時代も、使徒たちから直接イエスの言葉や業を聞いた人々の時代も終わっていたことでしょう。イエスの言葉や業を次の世代に伝えるために、福音書は書かれたのだと思います。

新約聖書の最初には、マタイ、マルコ、ルカ、ヨハネの四つの福音書が並べられています。その次に来るのが、ルカ福音書の著者が書いたとされる使徒言行録です。そのあとに多くの書簡が続き、最後にヨハネの黙示録が置かれています。

これらの書物のうち、パウロによる書簡（Ⅰテサロニケ、ガラテヤ、Ⅰ・Ⅱコリント、ローマなど）が最も早い時期に書かれたと考えられています。福音書の中では、マルコ福音書が一番先に書かれたという説が有力です。

新約聖書は旧約聖書（その並べ方に既にキリスト教の考え方がありますし、それを「旧約」と呼ぶこと自体、「新約」を前提としています）との繋がりから、最初にマタイ福音書が置かれています。つまり、イエス・キリストの到来は旧約聖書に記された預言の実現だというわけです。

新約聖書が書かれた時代には、今で言う自然科学はありませんでした。自然科学は、どのように世界ができたのかを探求します。それに対して、聖書は世界とは何か、なぜ世界はあるのか、世界の歴史の中で神の歴史はどういうものであるか、人間とは何か、罪とは何か、を探求します。

この探求心を底流としているために、福音書はいずれも誰が書いたか、いつ書いたかが分からないのです。福音書では「誰が書いたか」ではなく「誰のことを書いたのか」が問題だからです。その点で、後に置かれている書簡とは著しく異なります。マタイ、マルコ、ルカ、ヨハネと著者名らしい名前が付けられていますが、それは後代に便宜上付けられたものに過ぎません。

ルカ福音書とは

これからルカ福音書をご一緒に読む上で、ルカ福音書の特徴をいくつかあげようと思います。

いずれの福音書も、神はイエスを通して、地上に神の歴史を新たに始めたことを告げています。その意識をとりわけ強く持っているのがルカ福音書です。「ユダヤの王ヘロデの時代」（1・5）や「そのころ、皇帝アウグストゥスから」（2・1）という記述を通じて、神は世俗の歴史の中でご自分の歴史を始められることを記しています。

また、ルカ福音書は対比をたくみに用います。高齢の夫婦（ザカリア、エリサベト）が出てきた後は、まだ共に暮らしてはいない若い夫婦（ヨセフ、マリア）が出てくる。ローマ帝国の皇帝が出てきたかと思えば、当時人の数にも入れられていない羊飼いが出てくる。男性の次には女性が出てきます（1・5―25など）。性別（7・36―50など）、階級（8・1―3など）、民族（2・1―20など）が違う様々な人間が続けざまに登場します。そして、当時の価値判断による義人と罪人が並べられます（5・17―26など）。人間はそれらの人々の間に境界線を引き、互いに往来できない世界を固定化してしまいます。そういう人間の世界に、イエスを通して神様が突入してくる。そして、人間が作り出した社会の中で捨てられた者を捜し出し、悔い改めた者、イエスが救い主（キリスト）だと信じた者を神の国に迎え入れていくのです。それは、この世の命を生きている今、「イエスはキリストだ」という信仰によって新たに生き始めることを表します。そういう新しい命を人に与える。それは、実に過激なキリストの姿です。

　庶民は当初、イエスの教えや業に熱狂します。しかし、彼らが求めていたものは、結局社会や自分の安寧でした。だから、根本的な変化は好みません。それまでの自分も壊したくありません。結局、皆でイエスを排除することになります。そこには男も女も、位の上下も、ユダヤ人も異邦人もありません。境界線のどちら側にいた人間も、イエスを排除し、十字架につけました。信仰に生きるとは、古き自分から新しき自分になることであり、過激なことなのです。

　私たちは、自分が何をしているか分かりません。だから謝りようもないのです。しかし、その人間たちの罪を赦してくださるように、神に祈り、神の裁きを受けて、イエスは十字架で処刑されます。そこに、神の正しさがあります。マタイ福音書やマルコ福音書では、十字架で死んだイエスを見上げて、ローマの百人隊長が、「本当に、この人は神の子だった」（マタイ27・54、マルコ15・39）と言ったのに対して、ルカ福音書では「本当に、この人は正しい人だった」（23・47）と言っています。罪を犯したことがないイエスを罪人として裁く。そこに神の正しさがある。イエスこそ、その正しさを表した唯一の「真の人であり真の神」です。だからこそ、イエスが十字架の死から神の力によって復活させられることで造り出した「平和」は、すべての人間の救いに関係するのです。この平和こそ、神と人を分断していた、そして人と人を分断していた罪の壁を打ち壊します。正しいイエス様の十字架の死と復活、そして、ルカ福音書が描く昇天によって、私たちは初めて神に向かって歩むことができるようにされました。これが、復活の主が与えてくださった平和です。

ルカ福音書における最初と最後の場所は、エルサレム神殿です。ヨハネが誕生することを、エルサレム神殿で天使がザカリアに告げるところから、ルカ福音書は始まります（1・5―25）。そして、主イエスの昇天をベタニアで見た弟子たちが、エルサレム神殿で神をほめたたえる様子を描いて終わるのです（24・52―53）。そして、主イエスを通して現された福音は、聖霊を与えられた弟子たちによって、エルサレムから全世界に広められていきます。エルサレムは世界の中心として神が選んだ町であると、ルカ福音書は考えます。

プロテスタント教会は特定の土地を神聖視しませんから、エルサレムも特別視はしません。しかし、イエスの十字架と復活の「時」が神の正しさを表した時であるように、福音の伝道がエルサレムの「地」から始まったことは重要です。福音は天空に宣べ伝えられるわけではないからです。そしてエルサレムとは神殿の象徴です。神殿は神を礼拝する所です。イエスをキリストと信じて神を礼拝する所から、福音は始まったのです。

ルカ福音書は、弟子たちがエルサレム神殿で神を賛美することで終わります。その姿は、ルカ福音書の続編とも言われる使徒言行録に記されている、全世界への伝道に繋がります。賛美の礼拝が伝道に繋がる。罪とその結果である死に勝利した神を賛美しない伝道などあり得ないのです。神殿における賛美は、エルサレムから始まった神の歴史の勝利を表します。賛美とは、主イエスにおける神の勝利に向けてのものです。そして、神の勝利に向けての賛美は必然的に全世界への伝道を生み出す。ルカ福音書は、最後にそのことを言おうとしているのではないでしょうか。

この本では、ルカ福音書を一冊の書物として読み、そこで見出したものを語っていきます。その際に重要なのは、文脈です。段落ごとに細切れに読むのではなく、流れとして読みます。そのことを通して、イエス・キリストは誰なのか、自分とは何なのかを考え続けます。

この本を手に取った方が、ここに記されていることをきっかけとして、主イエスに出会い、賛美できるなら、こんなに嬉しいことはありません。

目次

装丁　桂川　潤

聖書の引用は、基本的に『聖書　新共同訳』（日本聖書協会）に基づく。

1　時が来れば実現する神の言葉（1・1―25）

献呈の言葉と舞台

ご一緒にルカ福音書を、最初から最後まで読み進めていきたいと願っています。書かなければならないことがたくさんあります。自分が気になることを自由に取り上げながらご一緒に考えていきたいと思います。

ルカ福音書には「献呈の言葉」があります。しかし、献呈された「テオフィロ」が誰なのかは分かりません。また、著者名とされている「ルカ」はどこにも出てきません。著者名に関しては他の福音書も同様です。しかし、この福音書は「イエス」という方について「順序正しく」書き、恐らくローマ人であるテオフィロが受けて来た「教え」が、確実であることを示すために書かれたものであると宣言します。福音書は「誰が書いたか」ではなく、「誰のことを書いたか」が問題なのです。

ルカ福音書は、時代の描写から著述を始めます。イエスが地上に生まれたのは、ヘロデ大王がユダヤ地方の王であった時代でした。ヘロデ大王の上には、ローマ帝国の皇帝アウグストゥスがいました。ヘロデ大王は、ローマ皇帝にへつらいつつユダヤ人の王として君臨していたのです。彼は自分のために豪勢な宮殿や離宮を作り、皇帝のために町を作り、さまざまな公共事業を行いました。この世的には非常に優れた王だったのです。しかし、彼は純粋なユダヤ人ではありませんでした。ユダヤ人によって征服されたイドマヤ人の血が入っていたのです。彼の支配が民衆にとっては過酷なものであったのは、ユダヤ人に対する屈折した感情の表れであったかもしれません。民はローマの皇帝だけでなく、ヘロデ大王にも税金を搾り取られていました。

その時代に、祭司ザカリアと妻エリサベトがいました。舞台はユダヤ人の都、エルサレムにある神殿です。その神殿で、ザカリアはくじによって神殿の中で香をたくことになっていたのです。

話が少し横道にそれますが、ルカ福音書はエルサレム神殿を舞台に始まり、そして終わります。最後は、主イエスの弟子たちが神殿の境内で「神をほめたたえていた」(24・53)という言葉です。弟子たちは「エルサレムから始めて、……これらのことの証人となる」(24・47―48)からです。神を賛美することが、宣教の目的なのです。主イエスは「『わたしの家は、祈りの家でなければならない。』ところが、あなたたちはそれを強盗の巣にした」(19・46)と言われました。主イエスは、「すべての人の祈りの家」にして「神を賛美」する神殿を建設するために、地上に来られた方であると言えます。

私たちの教会は「すべての人の祈りの家」となっているでしょうか。

神の歴史が始まる

話を元に戻します。エリサベトは「不妊の女だったので、彼らには、子どもがなく、二人とも既に年をとって」(1・7)いました。エリサベトも、続く話に出てくる婚約中の年若いマリアも、自然的な意味では決して子どもが生まれるはずのない人たちでした。しかし、そういう者たちを通して、神が新しい歴史を始められる。ルカ福音書は、そう告げています。

神殿の中で「主の天使」が、ザカリアの前に現れました。ザカリアは当然「恐怖の念に襲われ」(1・12)ました。その彼に向かって、天使はこう告げたのです。

「恐れることはない。ザカリア、あなたの願いは聞き入れられた。あなたの妻エリサベトは男の子を産む。その子をヨハネと名付けなさい。その子はあなたにとって喜びとなり、楽しみとなる。多くの人もその誕生を喜ぶ。彼は主の御前に偉大な人になり、ぶどう酒や強い酒を飲まず、既に母の胎にいるときから聖霊に満たされていて、イスラエルの多くの子らをその神である主のもとに立ち帰らせる。彼はエリヤの霊と力で主に先立って行き、父の心を子に向けさせ、逆らう

者に正しい人の分別を持たせて、準備のできた民を主のために用意する。」（1・13―17）

エリサベトはヨハネを産みます。後に「洗礼者ヨハネ」（バプテスマのヨハネ）と呼ばれる人です。彼は「イスラエルの多くの子らをその神である主のもとに立ち帰らせる」ために生まれるのです。「神である主」という言葉は、イエスがどんな方であるかを言い表しています。イエスは神であり、人である。イエスを通して、神はご自身を現す。イエスを知らなければ、私たちは神と出会うことはない。「神である主のもとに立ち帰らせる」とは、「イエスを通して神と出会う」ということでしょう。ヨハネはそのために生まれました。

ザカリアは天使の言葉を受け入れることはできませんでした。当然です。「何によって、わたしはそれを知ることができるのでしょうか。わたしは老人ですし、妻も年をとっています」（1・18）と言う他になかったのです。しかし、「わたしはガブリエル、神の前に立つ者。あなたに話しかけて、この喜ばしい知らせを伝えるために遣わされたのである。あなたは口が利けなくなり、この事の起こる日まで話すことができなくなる。時が来れば実現するわたしの言葉を信じなかったからである」（1・19―20）と、天使は言いました。

「信じる」ということは、それまでの歩みの延長線上にはありません。「時が来れば実現するわたしの言葉」を信じることは、それまでの自分が壊れ、新しい自分、神に委ねきった自分が誕生しなければ信じることはできないのです。

ここで使われる「時」はギリシア語でカイロスという言葉です。そして、「実現する」とは「満たされる」ということです。カイロスは時計で表すことができる「時間」ではありません。カイロスとは、マルコ福音書が「時は満ち、神の国は近づいた。悔い改めて福音を信じなさい」(1・15)と語っている「時」のことです。神の歴史は、時間の中で実現していきます。しかし、時間の中にただ生きているだけでは、「時」は経験できません。

言葉

ルカ福音書では冠詞つきの「言葉」(ロゴス)という言葉も重要です。「最初から目撃して御言葉のために働いた人々」(1・2)の「言葉」や、マリアが天使から受胎告知を聞いた時「この言葉に戸惑い」(1・29)とある「言葉」も冠詞つきの「言葉」です。冠詞つきの「言葉」は、「御言葉」と訳される時もあります。「時が来れば実現する」「言葉」は「神の歴史」です。神の歴史は時間の中で実現していきます。同時に「時」が「満たされる」ことによって実現していく言葉でもあります。

洗礼者ヨハネが誕生し、ヨハネが「悔い改めの洗礼を宣べ伝えた」(3・3)ことによって、主イエスの道備えをすることは「神の歴史」です。罪にまみれ、自分が今どこにいるかも分からなくなった人間の罪を赦し、新しい人間に造り替え、ご自身に立ち帰らせる救いの歴史の始まりなのです。ザカリアには、そのことが当初分かりませんでした。それゆえに、彼は口が利けなくなったのです。しかし、そのお陰で、彼は神の歴史をじっと「見る」ことができたのだと思います。

エリサベトは、妊娠がはっきりするまで身をひそめました。そして、はっきりした時、「主は今こそ、こうして、わたしに目を留め、人々の間からわたしの恥を取り去ってくださいました」（1・25）と言いました。エリサベトがヨハネを身ごもったことは、「力ある方が、わたしに偉大なことをなさいましたから」（1・49）と、後にマリアが神を賛美したことに通じます。エリサベトは自分の身に起こったことの中に、神の言葉を「見た」のでしょう。

2　新しい神とマリア（1・26―38）

戸惑い

ザカリアにヨハネ誕生を告げてから「六か月目」（1・26）に、天使ガブリエルは、イスラエルの北部にあるガリラヤ地方のナザレに住むマリアという女性のもとに遣わされました。ガリラヤ地方は都エルサレムから離れた地方で、ナザレはその中でも小さな町でした。一説には、当時の人口は四百人ほどだったと言われています。

ガブリエルが訪ねたのは、マリアです。地域も年齢も身分もエリサベトとはまるで違う人間が選ばれているのです。これからも、そういうことが何度も出てきます。それが、ルカ福音書の一つの特色です。

ルカ福音書は、マリアを「ダビデ家のヨセフという人のいいなづけ」（1・27）と紹介します。ヨセフは早死にしたらしく影が薄いのですが、彼が「ダビデ家」に属していたことは大きなことだと思います。ダビデは、ユダヤ人にとって最も偉大な王です。彼はイスラエル十二部族を統一し、それまでエブス人の町であったエルサレムに都を定めました。ダビデはユダヤ人にとって忘れ得ぬ名であり、メシアは「ダビデの子（子孫）」から出ると言われていました。ガブリエルの「ダビデの王座をくださる」（1・32）という言葉には、そういう背景があります。

「ダビデの王座」に就く子が、田舎町に住んでいるマリアから生まれる。そのこと自体、考えられないことです。しかし、そういうことが起こる。彼女がヨセフのいいなづけであったことが理由の一つだと思います。しかし、彼女はまだ結婚していないのです。

その彼女に、天使ガブリエルは「おめでとう、恵まれた方。主があなたと共におられる」（1・28）と言いました。「おめでとう」（カイレ）とは「喜びなさい」とも訳されます。マリアにしてみれば、何を喜んだら良いのか分からなかったでしょう。彼女は、天使の言葉に心底戸惑ったのです。「戸惑い」（ディアタラッソー）は、新約聖書ではここにだけ使われている言葉です。神様が人の世界に入り込んでくる時、人間はそれまでの自分ではいられない。そのことを表しているでしょう。

彼女は、ガブリエルの挨拶《あいさつ》の意味を激しい胸騒ぎと共に考え込んでいました。そういうマリアに、ガブリエルはこう言いました。

「マリア、恐れることはない。あなたは神から恵みをいただいた。」（1・30）

ザカリアも「恐れることはない」（1・13）と言われました。神から派遣された天使の前に立たされる時、人は恐れを抱きます。全く異質なものの前に立つのですし、その者が自分をはるかに上回る方だと分かるからです。ザカリアもマリアも、自分の小ささ、自分が無きに等しい存在であることを感じたでしょう。

「あなたは神から恵みをいただいた」（1・30）とあります。直訳すれば、「あなたは恵みを見出した」と言われたのです。何が神の恵みか、その時のマリアには分からなかったでしょう。しかし、それは既に与えられているのです。何が恵みなのかが、次第に彼女にも分かっていくことになる。私たちの人生にも「その時には全く分からない。でも、既に聞いた。その聞いたことが何なのか、その時には分からない。でも、そのことを心に留めて置く者は次第に分かってくる」。そういうことがあります。

イエスと名付けなさい

ガブリエルの言葉は続きます。

「あなたは身ごもって男の子を産むが、その子をイエスと名付けなさい。」（1・31）

「イエス」とは「主は救い」を意味し、当時は珍しい名前ではありませんでした。しかし、その「救い」はローマ帝国による支配からの解放ではなく、人間を神から引き離す罪の支配からの解放を意味していました。それが人間全体に与えようとしている神の恵みなのです。その恵みを人間に与えるためにこの子が何をしなければならないか、この時のマリアはまだ全く分かりません。しかし、罪の支配から解放されなければ、人間に救いはないのです。

ガブリエルは、さらに続けます。

「その子は偉大な人になり、いと高き方の子と言われる。神である主は、彼に父ダビデの王座をくださる。彼は永遠にヤコブの家を治め、その支配は終わることがない。」（1・32―33）

「いと高き方」とは「神」を表します。この子は単に「偉大な人」ではないのです。「神である主は」という言い回しにおいて、主という言葉は神に対して使われています。しかし、1章17節にある

「主」は、ヨハネの後に生まれるイエスのことです。神は、イエスを通してご自身を現そうとしておられる。主という言葉の使い方から、そのことを読み取ることができます。

神は、イエスに「父ダビデの王座」を与え、「永遠にヤコブの家を治め、その支配は終わることがない」と言うのです。「ダビデの王座」や「ヤコブの家」は、支配者の権威と、支配者によって支配される、国境を持つ国家を表しています。人間の支配者は必ず死にます。死ねば支配者が交替するのは当たり前です。

しかし、イエスの支配は時代を越えて永遠です。「ヤコブの家」とは直接的にはユダヤ人のことですが、ここでは地上を生きるすべての人間を指しています。この方を通して、神が全地を支配されるのです。この支配は、神のものなのです。だから、その支配は、外国の支配からの解放とか、飢饉《ききん》からの解放ではありません。全世界の人間を支配している「罪」からの解放のことでしょう。そして、その支配は今も続くのです。

降る、包む

マリアは、ガブリエルに対して、「どうして、そのようなことがありえましょうか。わたしは男の人を知りませんのに」（1・34）と言いました。

その言葉を聞いて、ガブリエルはこう言います。

「聖霊があなたに降り、いと高き方の力があなたを包む。」（1・35）

ここで「降る」と訳されている言葉（エペルコマイ）は、11章では「襲って来て」（11・22）と訳されています。強い者が上から襲いかかってくるという感じです。「包む」（エピスキアゾー）という言葉は、9章34節ではこうあります。

ペトロがこう言っていると、雲が現れて彼らを覆った。彼らが雲の中に包まれていくので、弟子たちは恐れた。

「覆った」が「包む」と同じ言葉です。この雲の中から「これはわたしの子、選ばれた者。これに聞け」（9・35）という神の言葉が、三人の弟子たちに聞こえるのです。神の言葉は時には人を襲い、時には包みます。

ガブリエルの言葉を聞いて、「わたしは主のはしためです。お言葉どおり、この身に成りますように」(1・38)と、マリアは言いました。マリアはこの時、それまでのマリアではなく、新しいマリアに「させられた」のです。それは、それまでのマリアが壊されたということです。神に襲われ、その力に覆われて、壊されたのです。

「信仰」とは、自己崩壊を伴うことです。自分のせいで崩壊するのではなく、神によって崩壊させられるのです。だからこそ、新しいマリアが誕生するのです。

しかし、それには神様の崩壊が伴います。神様は、私たち人間を罪の支配から救うために、御子をマリアの胎に宿らせてくださるのです。これは神様にとっても全く新しいことです。それまでと神様の本質は変わりませんが、全く新しい神の姿がここにあります。罪人ではない御子を裁くことを通して罪人の罪を赦すという愛によって、神様はご自身を崩壊させ、全く新しい姿になるのです。その愛に触れて、マリアは「わたしは主のはしためです」と言いました。新しい契約(新約)に属する民とは、マリアと同じように神の新しい姿に触れ、自らも新たにされた民のことです。新たにされるということに救いがあるのです。それは崩壊を伴うということにおいて、実に過激なことです。

3　憐れみによって生かされる（1・39―56）

マリアを新しく造りかえた天使の言葉の中に、「あなたの親類のエリサベトも、年をとっているが、男の子を身ごもっている」（1・36）がありました。その言葉を聞いたマリアは、エリサベトに会いたくてたまらなくなったのだと思います。

マリア

マリアの住むガリラヤ地方のナザレから、エリサベトが住んでいたと言われるエルサレム近くのエン・カレムまでは百キロ近くもある道のりです。その道をマリアはエリサベトに会うため、懸命に歩きました。なぜでしょうか。

「いいなずけ」とは、法的には結婚していることでした。従って、いいなずけが他の異性と交わることは「姦淫」でした。そういう時代の中で、マリアは妊娠したのです。マリアは異性とは関係していません。しかし「その言葉を信じろ」と言うことは無理なことです。ヨセフには当然無理ですし、両親も無理です。彼女を愛すればこそ無理でしょう。そして、マリアのお腹を見て村人はさまざまな噂話をするに違いありません。

でも、「信仰を生きる」とは、いつの時代でもそういうことではないでしょうか。「イエスがキリスト（救い主）であること」、それは自明のことでしょうか。この世の中でそのことを信じている人は、どれだけいるのでしょうか。「あなたがたはわたしを何者だと言うのか」という主イエスの問いに対して、ペトロが「神からのメシアです」（9・20）と信仰を告白したことに教会は始まります。ペトロをはじめとする弟子たちに聖霊が降され、「キリストが来た」という福音を宣べ伝え始めたのです。教会の出発はそこにあります。教会の告白は、自明のことではありません。それは、自分は罪人であること、そしてイエス・キリストによらねば、誰も救われないと認めることだからです。そんなことを認めたい人はいません。だから、「イエスはキリストです」と信じて生きることは大変なことなのです。だからこそ、私たちには御言葉の励ましが必要だし、同じ信仰が与えられてしまった人との交わりが必要なのです。一室に共に集う礼拝には、そういう意味もあるのではないかと思います。

マリアがエリサベトに会いたかった理由は、そこにあると思います。エリサベトは直接、天使ガブリエルに会ったわけではありません。しかし、夫のザカリアの仕草を通して、彼が天使から何を言われたかを知ったのです。そして、彼女は主が言った通り、妊娠したのです。しかし、彼女は五か月間、そのことが人間の目にはっきりと分かるまで、身を隠しました。その上で、彼女はこう言いました。

「主は今こそ、こうして、わたしに目を留め、人々の間からわたしの恥を取り去ってくださいました。」（1・25）

子を産めないことは、彼女にとって長い間「恥」でした。そういう彼女のことを、主は覚えてくださった。その驚愕、喜びが、そこにはあったでしょう。

信仰者の出会い

エリサベトは、その驚愕と喜びを共にできる人間に会えたのだと思います。エリサベトがマリアに会うとは、そういうことです。彼女はマリアに出会った時、「聖霊に満たされ」（1・41）ました。そして、胎内にいるヨハネが躍り、彼女は「声高らかに」「主がおっしゃったことは必ず実現すると信じた方は、なんと幸いでしょう」（1・42、45）と、マリアに言ったのです。

信仰とは、主の言葉に対する信頼です。それは単なる内面的な信頼ではなく、主の言葉に自分自身の全身全霊を委ねることです。そういう信頼がマリアにあったことが、婚約者であるヨセフの不信や嘆き、親族たちの怒りや悲しみ、人々の好奇の目に耐えさせ、百キロ近い道を歩いて、同信の友に会いにいく原動力だったと思います。

この信仰を与えられることは、実に恐ろしいことです。しかし、この信仰を生きるところにマリアの「幸い」があります。神の祝福は、大きな悲しみを経験させることもあります。でも、神によって御子を受け入れることになったマリアは「幸い」です。基準が、この世のそれとは違うのです。

マリアとエリサベトの出会いは、信仰の出会いです。両者とも、罪人を救わんとする神のご用のために用いられる子を宿しています。エリサベトが産んだ子は、領主の見栄のために殺されます。親として耐えがたいことです。マリアは、自分の子が十字架に磔《はりつけ》にされる姿を見なければなりませんでした。それでも、彼女たちは、この地上に生きている時に、出会った神の言葉に身を委ねました。このことにおいて彼女たちは「幸い」なのです。その言葉こそ、彼女たちを新しくし、新しい彼女たちを生かすものだからです。

憐れみ

47節から55節は、「マリアの賛歌」と呼ばれます。最初に、彼女は奴隷《どれい》に過ぎない者が、神の御業の道具として選ばれる幸いを感じて、神を崇め、賛美します。
次に「思い上がる者」（1・51）「権力ある者」（1・52）は引き降ろされ、「身分の低い者」（1・52）が高く上げられる様が出てきます。この逆転を、マリアは神の「憐れみ」と言い、その「憐れみ」を、主は「お忘れになりません」（1・54）と言うのです。この「憐れみ」という言葉は、聖書においてとても大事な言葉です。マリアは、こう言います。

「その僕イスラエルを受け入れて、
憐れみをお忘れになりません、
わたしたちの先祖におっしゃったとおり、
アブラハムとその子孫に対してとこしえに。」（1・54—55）

神様の憐れみは、イスラエルの父祖と言われるアブラハムに与えられました。この憐れみにすがれば、イスラエルは神の民として生きることができるのです。しかし、彼らは神の憐れみにすがるのではなく、自分の力に頼みました。そういう民が、身分や位を作り、上の者が下の者から搾取するというどこにでもいる民になりました。

そういうどうしようもない民を、主は「憐れみ」、逆転をもたらすためについにご自身の独り子を人から誕生（受肉）させるのです。

この「憐れみ」という言葉は、善いサマリア人のたとえ（10・25―37）に出てきます。このたとえの最後に、律法の専門家とイエス様の対話が置かれています。

「さて、あなたはこの三人の中で、だれが追いはぎに襲われた人の隣人になったと思うか。」律法の専門家は言った。「その人を助けた人です。」そこで、イエスは言われた。「行って、あなたも同じようにしなさい。」（10・36―37）

「助けた」は「憐れむ」と同じ言葉です。

敵であるユダヤ人を愛し、彼のためにできることをするサマリア人の姿は、イエス様に重なります。神に逆らってしまう敵の罪が赦され、神に向かって生きることができるようにと、御子は死ぬほどの悲しみの中、十字架の死に向かうのです。神と等しい方が十字架の死にまで下る。そこに神の憐れみは行き着くのです。この憐れみによって、私たちは生かされています。

4　あけぼのの光が訪れる（1・57―80）

時が来れば実現する業

ザカリアは、当初、「時が来れば実現する」（1・20）天使の言葉を信じることができず、口が利けなくされました。しかし、月が満ちて、エリサベトは男の子を産みました（1・57）。主の御心は、人間の思いを越えて実現していくものでもあります。

出産から八日目に男の子に割礼を施し、命名するために人々が集まってきました。彼らはみな、父の名をとって「ザカリア」と名付けられると思っていました。しかし、母になったエリサベトは「いいえ、名はヨハネとしなければなりません」（1・60）と言ったのです。彼女は夫の手ぶりから天使の言葉を知り、その言葉通りにしなければいけないと思ったのでしょうか。

ザカリアは、字を書く板を持って来させて「この子の名はヨハネ」（1・63）と書きました。人々は「驚いた」とあります。「驚いた」（サウマゾー）は、しばしば神の御業を見た人々の反応を示すために使われる言葉です（2・18、4・22など）。近所の人たちは、この夫婦の上に必ず実現する神の業が起こり始めていると感じたかもしれません。少なくともこの福音書は、人間の業を通して神の御業が実現していく様子を書いていきます。

そして、その時、ザカリアの「口が開き、舌がほどけ」（1・64）ました。彼はこの時、「時が来れば実現する」（1・20）という天使の言葉は、神の言葉であることを知り、その言葉に従ったのです。

この福音書は、神殿において弟子たちが神を賛美する様子を描いて終わります（24・52―53）。ルカ福音書は、この賛美に向けて前進し続けるのです。ザカリアは、神の御業は必ず実現することを知らされて、思わず賛美したのです。そして、その様を見た人々は、ヨハネ誕生という出来事の中に「主の力」（1・66、直訳は「主の手」）を感じ、「恐れ」を感じたのでしょう。主の働きを感じたのです。そして、ヨハネのことは、ユダの山里中で話題になり、「いったい、この子はどんな人になるのだろうか」（1・66）と人々は言ったのです。

さて、「イスラエルの多くの子らをその神である主のもとに立ち帰らせる」（1・17）という使命が与えられたヨハネが誕生した時、ザカリアは「ほめたたえよ、イスラエルの神である主を」（1・68）と、神様を賛美しました。

「主はその民を訪れて解放し、我らのために救いの角を、僕ダビデの家から起こされた」（1・68―

69）とあります。ザカリアの預言のキーワードの一つは、「訪れ」（エピスケトマイ）です。この言葉はもう一度、「これは我らの神の憐れみの心による。この憐れみによって、高い所からあけぼのの光が我らを訪れ」（1・78）というかたちで、預言の最後に出てきます。

ヨハネを誕生させた「主」は、何のためにイスラエルの民を訪れるのかと言えば、彼らを「救う」（1・69、71、74、77）ためです。彼らは罪に支配され、その罪によって、生きれば生きるほど神から離れていってしまうからです。

人間はえてして、人が持っている環境を見るものです。その上で、あの人は幸福だと思ったり、不幸だと思ったり、あれさえあれば私も救われるのに、と思ったりします。つまり、富とか身分とかを見る。お金がもっとあればとか、もうちょっと位が高かったらと思うのです。まるでそこに「救い」があるかのようにです。しかし、そうでしょうか。人間の救いは、そういう外部的なものの多寡とは関係がないのです。もう少しザカリアの預言に聞いてみましょう。

「これは我らの父アブラハムに立てられた誓い。
こうして我らは、
敵の手から救われ、

恐れなく主に仕える、
生涯、主の御前に清く正しく。
幼子よ、お前はいと高き方の預言者と呼ばれる。
主に先立って行き、その道を整え、
主の民に罪の赦しによる救いを
　知らせるからである。」（1・73―77）

ここにあるように、人間にとって究極的な敵は罪なのです。この罪こそが、人間を命の源である神からどんどん引き放して死に追いやるからです。神と人間を分断する力。それが罪です。だから、罪は本当に恐るべき敵であり、私たち人間ではどうにもなりません。罪は神に赦されなければならないのです。そこにしか、人間の救いの道はありません。

私たちの創造者である神様は、私たちをご自身に向けて生きる者としてお造りになりました。その道に生きること、それが罪という敵に打ち勝つことであり、人間の救いなのです。しかし、私たち人間は自分で自分を救うことはできません。

神様は救いの御業を、ヨハネを送ることから始められました。彼は、救いはどこにあるかを私たちに知らせる預言者であり、そのために「主に先立って行き、その道を整え」（1・76）るのです。

平和への道

ザカリアはこう言います。もう一度読みます。

「これは我らの神の憐れみの心による。
この憐れみによって、
高い所からあけぼのの光が我らを訪れ……」（1・78）

罪の赦しによって敵を滅ぼす救いを私たちに与えるために、主はヨハネを遣わしてくださいました。ヨハネの後に続く主イエスまでを含めて、ザカリアは主の訪れと言っているのです。この訪れは、主の「憐れみの心」によります。その訪れを、ザカリアは高い所からのあけぼのの光と呼びます。

私たちは「あけぼのの光」に向かって生きているのです。私はよく言うのですが、私たちキリスト者の将来は明るいのです。「お先真っ暗」という言葉があります。将来は暗い、そこに希望はない、ということです。それは、今既に暗黒に覆われているということです。しかし、私たちの将来は明るい、命の光に満ちている。そういう救いの業を、主が始めてくださった。そして世の終わりの時には完成される。だから、私たちの将来は明るい。そこには新しい命の光がある。その光に向かって私たちは生きている。そのことを、私たちは忘れてはいけません。

ザカリアは預言の最後に、聖書の言葉を引用します。

「暗闇と死の陰に座している者たちを照らし、
我らの歩みを平和の道に導く。」（1・79）

この「平和」は、単に戦争がない状態ではありません。神様との間が繋がったということです。私たち罪人が神様に向かって生きる者となるために、イエス・キリストは私たちの罪を背負って十字架の裁きを受けてくださったのです。そして、「あの人のことは知らない」と言って逃げた弟子たちを訪ね、「あなたがたには平和がある。神様との間は繋がったのだ」と言ってくださったのです。この言葉を聞いた弟子たちの心には、あけぼのの光が差し込んだことでしょう。この光は、私たちにも差し込んでいます。

5　救い主の誕生（2・1―21）

泊まる場所がなかった

いよいよ、主イエスの誕生の場面です。序文のすぐ後に「ユダヤの王ヘロデの時代」（1・5）という文言がありました。2章のはじめには「皇帝アウグストゥス」とあります。ルカ福音書には、世界史の中に神の救済史を見ていくという特徴もあります。ユダヤの王ヘロデの上にはローマ帝国を司る皇帝アウグストゥスがいました。支配者は民から税金を徴収し、徴兵します。そのための住民登録です（2・2）。こうした状況の中で、「人々は皆、登録するためにおのおの自分の町へ旅立った」（2・3）のです。

ダビデ家の出身であるヨセフも「いいなずけのマリアと一緒に登録するため」（2・5）にダビデの町であるベツレヘムに上って行きました。ベツレヘムとナザレは決して近くはなく、マリアは臨月が近いのです。しかし、彼らは一緒に出かけました。マリアの妊娠に関しては、親を含めて村中で噂になっており、そこにマリア一人を置いてはいけない。そういう思いがヨセフにはあったと思います。

マリアはベツレヘムにいる時に月が満ちて、出産することになりました。でも、「宿屋には彼らの泊まる場所が」なく、マリアは家畜小屋で「初めての子を産み、布にくるんで飼い葉桶に寝かせた」（2・7）のです。聖霊によって身ごもったマリアの初めての子は、家畜が口を突っ込む飼い葉桶の中に寝かされたのです。

この子とアウグストゥスとは全く違います。光と闇のように全く対照的です。でも、真の光はそういう闇の中に誕生したのでしょう。世界史の中で、神の救済史は静かに始まり、進んでいくように思います。

羊飼い

「その地方」（2・8）、つまりベツレヘム周辺に草原はありません。どこもかしこもごつごつした岩山です。羊飼いは羊たちの先頭に立って、羊たちが落ちないように気をつけながら餌場を探さねばいけませんでした。彼らは自分の羊を飼っているのでなく、他人の羊の世話をしている労働者だと言われています。夜通し羊と共に野宿をしていた人々です。律法を重んじる人々から見れば、律法とは無関係の生活をしている彼らは罪人でした。彼らは、ユダヤ人の中でも人の数に入れられていないのです。

しかし、その羊飼いのところに天使が現れたのです。そして天使は、ダビデの町で一人の赤ん坊が生まれ、その赤ん坊が飼い葉桶に寝かされているのを彼らが見る、と言うのです。それだけではありません。羊飼いは「主の栄光」（2・9）に包まれ、「恐れるな。わたしは、民全体に与えられる大きな喜びを告げる」（2・10）という言葉を聞きます。

大きな喜びとは、「今日ダビデの町で、あなたがたのために救い主がお生まれになった。この方こそ主メシアである」（2・11）ということでした。「あなたがたのため」とは、羊飼いを含む民全体のためということです。人間の数にも数えられていない羊飼いに、人類全体のための「救い主」が生まれたという大きな喜びが伝えられるのです。

しかし、私たちにとって何が「救い」なのでしょうか。富とか、健康とか、地位とか、目に見えることはいくつかあります。でも、それらのものが満たされれば、私たちは幸いなのでしょうか。私は違うと思います。それらが満たされても、人は不幸に苦しむことがあります。私たちは、自分がたった独りである時、絶望するのではないでしょうか。

パウロは、私たちは「このような希望によって救われているのです」（ローマ8・24）と言いました。彼が言っている「希望」は、世の終わりに神の子として私たちも体が贖《あがな》われる、復活するという「希望」です。その「希望」が実現するのは、世の終わりです。それは明日かもしれませんし、ずっと先かもしれません。いずれにしろ、私たちにとっては将来のことです。将来への歩みを独りでしなくてはならない時、そこに「救い」はありません。

天使は羊飼いに「あなたがたのために救い主がお生まれになった」と告げました。私たち人間はもう独りではないことを、救い主は明らかにしてくださったのです。罪とは、私たちを神と引き離し、人と引き離す力です。救い主とは、その罪をご自身の肩に背負い、赦しのために身代わりに十字架の上で裁きを受けてくださり、私たちが神に向かって新しく生きるために復活させられた方です。このようにして救いの道を開いてくださったのが、私たちの救い主です。その救い主が私たちと共に歩んでくださるのです。

主メシア

救いを与えるのがメシア（キリスト）です。この方が、飼い葉桶の中から地上の人生を始めた。天に神の栄光を、そして地に平和をもたらすためです。アウグストゥスは、有名な「ローマの平和（パックス・ロマーナ）」を武力によって実現しました。しかし、この平和は必ず武力によって滅ぼされます。イエス様が言うように「剣を取る者は皆、剣で滅びる」（マタイ26・52）からです。

主メシアは、そういう者たちの罪が赦されるように祈りつつ、十字架の裁きを受けるのです。正しい者が正しくない者の罪を背負い、神の裁きを受けることによって、罪人と神の間に平和の道が開かれます。

天の大軍は、神様が世界史の中で救済史を始められた事実を見て、神様を賛美したのだと思います。羊飼いたちは、天使の言葉を聞いて、「さあ、ベツレヘムへ行こう。主が知らせてくださったその出来事を見ようではないか」（2・15）と言いました。ルカ福音書には、しばしば「言葉」と「出来事」が重なって出てきます。マリアは、「お言葉どおり、この身に成りますように」（1・38）と言いました。また「これらの出来事をすべて心に納めて」（2・19）ともあります。そして、「言葉」（レーマ）は、主イエスの受難・復活の出来事（9・45、18・34）を表す言葉として用いられています。

主イエスは、十字架で死に、復活させられるために人として誕生したと言えるように思います。死と復活を通じて、主イエスは私たちの主メシアに、そして救い主となられました。神はこの方を通してご自身の栄光を現し、アウグストゥスが支配しているこの地上に「平和」をもたらそうとしておられるのです。

羊飼いたちは、この出来事を主から知らされました。そのことを今度は、自分の口で人々に知らせたのです（2・17）。信じてくれようがくれまいが、神が始められたことを人々に知らせたのです。

その際、彼らは自分たちが見聞きしたことがすべて天使の言った通りだったので、「神をあがめ、賛美しながら帰って行」（2・20）きました。

この福音書の最後の言葉は、弟子たちは「絶えず神殿の境内にいて、神をほめたたえていた」（24・53）です。神様の救いの御業を語ることは、賛美に行き着きます。「主を賛美するために民は創造された」（詩編102・19）とあるように、アウグストゥスも羊飼いもヨセフもマリアも、主イエスにおいて神が造り出した「栄光」と「平和」を知り、主イエスの十字架の前にひれふす時に「賛美」が出てくるのです。

6　心が刺し貫かれる（2・22―40）

シメオンとアンナ

この箇所にはシメオンとアンナという人が出てきます。ルカは対照を好みます。ここでもそうで、シメオンは男、アンナは女です。当時は圧倒的な男性社会です。女性や子どもの意見など一顧だにされない社会です。そういう社会の中で、この福音書は女性を重要視します。そして、両者とも幼子を見て「神をたたえ」（2・28）「神を賛美」（2・38）しているのです。前も言いましたけれど、ルカ福音書は、弟子たちによる賛美で終わっています（24・53）。彼らは、主イエスが天に挙げられるのを見て神殿の境内で神を賛美したのです。世界史の中で、神の救済史が始まったことを知って、弟子たちは神を賛美しているのです。その賛美を、シメオンとアンナが上げている。彼らも、神が始めた救済の歴史を賛美したのでしょう。

この箇所の前半では、「律法」という言葉が目立ちます。ヨセフとマリアは「律法に定められた」

(2・22) 通り、「主の律法に言われているとおりに」(2・24) 行動しているのです。

そのことが、彼らとシメオンを出会わせました。シメオンは「正しい人で信仰があつく」、イスラエルが「慰められるのを待ち望」(2・25) んでいました。

ここに出てくる「慰め」(パラクレーシス) は、同じ著者が書いたと言われる使徒言行録では、神の民として生きる上でなくてならぬものであることがよく分かります (9・31、13・15)。神様に与えられる慰め抜きに、イスラエルは神の民にはなりません。この言葉は合成語で「傍らで」「声をかける」ことを表します。「私がここにいるよ。あなたは独りじゃないよ」と、神が声をかけてくださる経験が神の民には不可欠なのです。

「聖霊」(2・25、26。2・27では〝霊〟) がシメオンに与えていたものは、これだけではありません。「主が遣わすメシアに会うまでは決して死なない、とのお告げを聖霊から受けていた」(2・26) とあります。メシアとはキリストのことです。主イエスの時代には「救い主」を意味すると言って良いと思います。この時代のユダヤ人は、自分たちをローマ帝国の支配から脱出させ、ユダヤ人の王国を造ることがメシア (キリスト) の仕事だと思っていたようです。しかし、それは結局地上的な利益に過ぎないと思います。神様は、そんな救いを私たちに与えようとしておられるのでしょうか。私は違うと思います。それでは何なのか。

ここでは、「見る」（ホラオー）という言葉も何度か使われています。「主が遣わすメシアに会うまでは」とありますが、「会う」は「見る」と同じ言葉です。「そのとき、エルサレムにシメオンという人がいた」も「見よ、シメオンという人がいた」が直訳です。そして、彼は主が遣わすメシアを「見る」までは、「決して死を見ない」との「お告げを聖霊から受けていた」（2・26）のです。彼こそ、主の救済史を目撃し、証言する人間だからです。

その彼が「〝霊〟に導かれて神殿の境内に入って来たとき」（2・27）、イエス様の両親が神殿にやって来ました。シメオンは幼子を見、目を細めて手を伸ばしたのでしょう。

ふつう、両親は、初めて会った高齢の男の人に生まれたばかりの子どもを差し出さないと思います。でも、イエス様の両親はシメオンの腕に、我が子を委ねました。

シメオンは神をたたえつつ、こう言いました。

「主よ、今こそあなたは、お言葉どおり
この僕を安らかに去らせてくださいます。」（2・29）

彼は、この時のために生かされてき、今こそ彼が死ぬ時なのです。しかし、それは悲しみの時ではなく、神がイスラエルを慰め給うことを知らされた喜びの時なのです。だから、彼はこう言います。

「わたしはこの目であなたの救いを見たからです。」(2・30)

彼が自分の目で見たのは、天の栄光が地に降り、御心に適う人々を通して地に平和を造り出す救いです。この救いは、イスラエルに限定されたものではありません。

「これは万民のために整えてくださった救いで、
異邦人を照らす啓示の光、
あなたの民イスラエルの誉れです。」(2・31—32)

この救いは、全世界の民である異邦人を救う救いです。その救いが、この幼子の誕生によっていよいよ始まる。そこに「イスラエルの誉れ」があります。シメオンは幼子を抱きつつ、神様の業に感動しつつこう言ったのだと思います。

反対を受ける

その上で、シメオンは、マリアに不思議なことを言いました。

「御覧なさい。この子は、イスラエルの多くの人を倒したり立ち上がらせたりするためにと定められ、また、反対を受けるしるしとして定められています。」（2・34）

ここにも「見る」（御覧なさい）という言葉が使われています。この幼子は多くの人の支持を集める、とは言われません。多くの人を立ち上がらせたり倒したりし、反対されるように定められていると、シメオンは言うのです。神様は、私たちの願望を叶えてくれる便利な存在ではないのです。

神様は「愛せ」と言いますし、「赦せ」と言うのです。分かってはいます。でも、私たちは愛せない人がいるものです。赦せない人もいます。それが人間社会の現実、いや常識です。でも、この幼子は長ずるにつれ、神様の子として、神様が求めている愛と赦しを実践し、ご自分に従うように私たちを招かれるのです。

私たちは表向き、愛とか赦しを否定はしません。しかし、「敬して遠ざける」という言葉があるように、次第にイエス様を敬遠し、排斥していくでしょう。

心が刺し貫かれる

シメオンは止めを刺すように、マリアにこう言います。

「あなた自身も剣で心を刺し貫かれます――多くの人の心にある思いがあらわにされるためです。」(2・35)

ここには、「心」という言葉が二度使われています。剣で刺し貫かれるマリアの心、それは「魂」とも訳され、存在の中心を表します。マリアはやがて、目の前で、自分が産んだ子が犯罪者として処刑されるのを見ます。自分の子が犯罪者として処刑されるのを見たい親はいません。

他方、「多くの人の心にある思い」は、普段表に出さない思いのことでしょう。主イエスの眼差しの前に立ち、その言葉を聞く時、自分の心の思いが明るみに出されて困惑することがあります。そういう私たちの思いが、ついに主イエスを排斥し、抹殺することに繋がるのです。

神は、どんどんご自身に向かう道からそれてしまう私たち、どんどん罪を深めてしまう私たちの罪を赦し、私たちと共に生きる命を与えてくださるのです。裁くべき罪人である私たちの罪を赦すために、神は裁くべきではない方を十字架刑に付されたのです。

御子イエス・キリストは、そこに父なる神のご意志、何としてでも罪人を救いたいという神のご意志を知り、死ぬほどの悲しみを味わいつつ、敢然と御心に従われたのです。十字架刑は、その結果です。

でも、神様の御心は、イエス様の十字架の死では終わりませんでした。イエス様が敢然と神様のご意志に従い、十字架に磔《はりつけ》にされ、墓に葬られてから三日目の朝、イエス様を復活させ、イエス様は弟子たちに「平和」を告げられました。人間の罪はこのようにして赦され、新しく生かされるのです。そして、神様の救済の歴史はこの御子に現れるのです。賛美せざるを得ません。

7　わたしは自分の父の家にいる（2・41―52）

捜す両親

イエス様は、律法に忠実なユダヤ人家庭に育ちました。両親は、毎年家族でエルサレム神殿に行き、過越祭のお参りをしていました。ユダヤ地方の首都エルサレムは、その北に位置するガリラヤ地方のナザレからは決して近くはありませんが、彼らは「祭りの慣習に従って都に上」（2・42）り、「祭りの期間が終わって帰路についた」（2・43）のです。すべて「主の律法で定められた」（2・39）通りです。

両親にしてみれば、当然、我が子も帰りの一団の中にいるものと思っていたでしょう。十二歳と言えば、当時の社会では大人になる一歩手前の年齢です。幼い子どもではないし、大人でもない。そういう年齢です。その子が帰りの一団の中にいないことを、両親は一日経ってから気づきました。その日から三日もかけて、イエスを探し続け、ついにエルサレム神殿まで引き返してしまいました。その神殿の境内で、自分の子が「学者たちの真ん中に座り、話を聞いたり質問したりしておられる」（2・46）のを発見したのです。

ここには「捜す」という言葉が三度も使われます（2・45、48、49）。最初の「捜す」は、そこにあるように「捜し回る」ことです。子を見失った親の気持ちは、痛いほど良く分かります。彼らは、その子のことを心配し、またその子を見失ってしまった自分たちのことをどれほど責めたか分かりません。

しかし、この「捜す」は、自分の子の居場所を「捜す」という意味でありつつ、自分の子が誰であるかを「捜す」意味でもあるでしょう。

その関連で「両親」という言葉を先に挙げておきます。新共同訳聖書では「両親」は、六回も出てきます（2・41、42、43、48、50、51）。でも、原文では「両親」という言葉は最初の二回だけ使われ、後は「彼ら」と記されています。「彼ら」はイエスという子の「両親」の意味でありつつ、イエスが何者であるかを知っていく人間という意味だと思うのです。この子は、他の子らとは違う。そのことを表している、と私には思えます。

イエス様が学者たちの真ん中に座り、「話を聞いたり質問したり」しているのを「聞いている人は皆、イエスの賢い受け答えに驚いていた」（2・47）とあり、「両親」（彼ら）は「イエスを見て驚き」

とあります。二回「驚く」が使われていますけれど、原文では違う言葉が使われています。人々の「驚く」(エクシステーミ)は、「常識の外に立たされる」という感じです。人々の子どもに関する常識が崩されることでしょう。両親(彼ら)の「驚く」(エクプレスソー)は「強く打たれる」で、「衝撃を受ける」という感じだと思います。彼らは、自分の子の姿に衝撃を受けたのです。そういう経験を繰り返しながら、彼らはイエスが何者であるかを捜していくのだと思います。

その姿を見て、彼の(原文には「彼の」があります)母が言いました。

「なぜこんなことをしてくれたのです。御覧なさい。お父さんもわたしも心配して捜していたのです。」(2・48)

細かいことを言うようですけれど、原文では最初に「わたしの子よ」(テクナ)とあります。マリアにとって、イエスは「わたしの子」なのです。また、「わたしたちに対してなぜこんなことをしてくれたのです」が直訳です。イエス様の行為は、彼女たちにとっての迷惑行為です。当たり前です。そして、「お父さん」も「あなたのお父さん」と書かれています。

十年以上前に、「神にできないことは何一つない」(1・37)と天使に言われ、「わたしは主のはしためです。お言葉どおり、この身に成りますように」（1・38）と言った彼女は、イエスを我が子として育ててきたのです。そうでなければ育てられなかったことでしょう。

ここに、マリアとヨセフは、自分の子のことを心配してどこにいるのか「捜した」とあります。前述のように、自分の子は何者であるのかを「捜した」という意味でもあるでしょう。

自分の父

それは、イエス様の言葉を見ることで知ることができます。イエス様は、こうおっしゃいました。

「どうしてわたしを捜したのですか。わたしが自分の父の家にいるのは当たり前だということを、知らなかったのですか。」（2・49）

「自分の父の家にいるのは当たり前だ」とは、特にヨセフにとって、何ときつい言葉かと思います。ヨセフの言葉は、聖書のどこにも記されていません。でも、彼の存在は大きいのです。彼は、ダビデの家系の人でした。そして、マリアを妻として受け入れ、血縁的な意味では自分の子ではないイエスを自分の子として受け入れ、律法を忠実に果たしつつ育ててきたのです。

そのヨセフに対して、「あなたはわたしの父ではない。自分の父は、この神殿を自分の家とする方だ」とイエス様は言ったのです。これは普通の子の言うことではありません。彼らが、イエス様の言葉の意味が分からなかったことは無理もないことです。

イエス様は、ここで「ご自分が何者であるか」を言い表しておられるのです。もちろん、この段階ではイエス様もご自分の歩みを分かっていたわけではないでしょう。しかし、自分が人の子ではなく、神の子であること、そうである限り、聖書に記されている神の言葉に従って生きることを、表されたのだと思います。そういう意味で、イエス様にとって神は「自分の父」なのです。

「両親にはイエスの言葉の意味が分からなかった」(2・50)。この時の彼らに、分かるわけがありません。

ここで私が注目したいのは「言葉」(レーマ)です。原文では定冠詞がついています。レーマは、しばしば「こと」や「出来事」と訳されます。事実、51節では「母はこれらのことをすべて心に納めていた」とあり、レーマが「こと」と訳されています。19節では「マリアはこれらの出来事をすべて心に納めて、思い巡らしていた」とあります。

ヘブライ語でも「語る」と「出来事」は基本的に同じ言葉です。神が「光あれ」と言われると、光があるのです。それと同じように、神様がイエス様において始めておられる救いの出来事は、人間には分からずとも着実に進んでいる。そのことを、この出来事は明示しています。

もちろん、イエス様が福音の宣教を開始されるのはまだずっと先のことです。その時まで、イエス様は他の子たちと同じように、両親に仕えてお暮しになりました。そして、イエス様は知恵に満ち（2・40）、それが次第に増し加わっていき「神と人から愛された」（2・52）のです。この時は、まだ「多くの人の心にある思いがあらわにされる」（2・35）には至っていないからです。

当たり前

最後に、この箇所に暗示されていることに、少しだけ触れたいと思います。先程のイエス様の言葉の中に、「わたしが自分の父の家にいるのは当たり前だということ」とありました。この「当たり前」と訳された言葉は原文ではデイです。神の意志を表します。デイはいくつかの箇所で使われていますが、ここでは24章の例を挙げます。『　』内の言葉が原文ではデイです。

「人の子は『必ず』、罪人の手に渡され、十字架につけられ、三日目に復活することに『なっている』る、と言われたではないか。」（24・7）

「メシアはこういう苦しみを受けて、栄光に入る『はずだった』のではないか。」（24・26）

「わたしについてモーセの律法と預言者の書と詩編に書いてある事柄は、『必ず』すべて実現する。」（24・44）

すべて、十字架と復活、苦難を経た栄光、罪の赦しを経た新しい命に関係することです。それは次第に明らかになっていくでしょう。神の意志はイエス様の十字架と復活に向かっていくのです。私たちもそのことを知らされていくことになるでしょう。

8　罪の赦しという救い（3・1―20）

救済史・神の言葉

3章に入ります。そこでルカは、最初にローマ帝国の皇帝や彼に任命されたユダヤの総督、ユダヤ人が住む地の領主、そして大祭司の名を挙げます。神の救済史は、別世界で起きることではないからです。この地域で起こったことですし、この地域の支配者たちはこの人たちだった。こういう時代であった。ルカは、初めにそのことを確認するのです。

その地に生きるヨハネに神の言葉が降りました。それは「荒れ野」におけることです（1・80）。「荒れ野」はイスラエルが神と出会い、神の民として誕生した所です。それは「十戒」をはじめとする「神の言葉」によることです（出エジプト記）。

神は、この「荒れ野」から新しい神の民を造り出すために、ご自身の言葉を降したのです。3章2節に出てくる「降す」（ギノマイ）には「出来事になる」という意味があります。神は、全世界に神の国を造り出すために、ヨハネを選んで、救済の歴史を始めようとしておられる。そういうことが言われているのでしょう。

ヨハネは、ヨルダン川一帯の方に行きました。それは、「罪の赦しを得させるために悔い改めの洗礼」(3・3)を人々に宣べ伝えるためにです。

「悔い改め」とは「方向転換」のことです。それまで進んでいた方向とは、全く逆の方向に進むことです。端的に言えば、自分のために生きていた人間が、神のために生きる人間にされることです。そのためには「悔い改め」が必要なのです。

人間が悔い改めるためには、自分が罪人であると認めることが必要です。神の救済史と世俗の救済の歴史とは違います。世俗の歴史においては、必ず立場が必要です。例えば、ローマ帝国の立場に立てば、いわゆる「ローマの平和」を維持し、拡大することが救済でしょう。ユダヤ人の立場に立てば、ローマ帝国の支配を打ち破りユダヤ人の王国を造ることが救済であり、神は必ずその救済者であるメシア(救い主)を送ってくださる。ユダヤ人は、そう信じていました。

しかし、ヨハネが語った救済は「罪の赦し」です。「すべての人間が罪人だ」ということです。そこに神の民ユダヤ人も異邦人もない。「アブラハムが父祖にいる私たちは、他の人とは違う」なんてあり得ないのだと、彼は言うのです。

主の道

「罪」とは、創造主なる神のために生きる道からそれてしまうことです。神はそういう人間に、大きな悲しみをもって「(あなたは)どこにいるのか」(創世記3・9)と言われます。私たちは誰でも罪人なのです。罪と関係がないという人はおらず、私たちは皆、神を悲しませる罪人ではないでしょうか。

しかし、自分が道に迷っていることに迷子はなかなか気が付かないものです。混迷を深めて行っても、自分だけでは分かりません。そして、道に迷っても自分で何とかできると思っているものです。しかし、そうでしょうか。

「主の道筋を整え、その道筋を真っすぐにせよ」(3・4)とは、第二イザヤと呼ばれる預言者に対する神の言葉です。彼は、紀元前六世紀に、罪が原因となってバビロンに連れ去られたイスラエルの民の心に語りかけることを、神に命ぜられました。そのことを通して、イスラエルが再び神の民として生きることができるように、神は願われたのです。

でも、結局、彼らは血族主義や律法主義などに陥り、異邦人を見下げる社会を作ってしまいました。そういう人々に悔い改めを求め、洗礼を授けるためにヨハネはヨルダン川方面に行きました。それは、主の方に向かって生きる道を、神がイスラエルの民に教えることです。それによって、人々は「神の救いを仰ぎ見る」（3・6）からです。

この世を生きる神の民

しかし、洗礼を受けに来た「群衆」（オクロス）に向かって、ヨハネは「蝮《まむし》の子らよ、差し迫った神の怒りを免れると、だれが教えたのか。悔い改めにふさわしい実を結べ。『我々の父はアブラハムだ』などという考えを起こすな」（3・7—8）と言いました。すごい言葉ですが、本当のことです。ヨハネは、「信仰に生きる人間は血筋が作るのではなく、神が造るのだ」と言うのです。そして、神は信仰の実を求めている。その実とは、行動です。公正に振舞えということです。ヨハネは徴税人や兵士に対して仕事を辞めよと言うのではありません。徴税人には規定以上は取り立てないことを、兵士には自分の給料で満足することを求めるのです。

私たちは口先だけのことが多く、実行が伴わないことが多いのです。そういう人間は、次第にヨハネのような人間を疎んじ始めます。そして、それはヨハネの後継者でもある方を排斥することに繋がります。洗礼を受けても信仰を生きない人間は、こういう者でしょう。

「民衆はメシアを待ち望んでいて、ヨハネについて、もしかしたら彼がメシアではないかと、皆心の中で考えていた」（3・15）とあります。この「民衆」（ラオス）は、7節の「群衆」（オクロス）とは違います。「民衆」はメシア（救い主）を待ち望んでいる人で、ここでは「ヨハネがそれではないか」と期待している人々です。

しかし、ヨハネは、メシアを迎え入れるための「荒れ野で叫ぶ者の声」（3・4）です。彼は、自分より後に来る方は、自分よりはるかに優れた方であり、自分はその方の「履物のひもを解く値打ちもない」（3・16）と言うのです。そして、自分は水で洗礼を授けるが、その方は「聖霊と火であなたたちに洗礼をお授けになる」（3・16）というのです。自分とその方の違いは、量的な違いではなく質的な違いだということです。

人々が考える「メシア」とは、ローマ帝国の支配からイスラエルを解放し、ユダヤ人の王国を樹立するといったような地上的なものです。しかし、そういうことはユダヤ人の表面的な救いではあっても、真実の解放という救いを人間にもたらすメシアの仕事ではありません。

ヨハネも一人の人間です。人間である限り「罪の支配」から自由ではありません。彼は、そのことを知らされていたと思います。自分も悔い改めが必要な罪人だということをです。だからこそ、彼は人々に悔い改めを求め、「主の道を整え、その道筋をまっすぐに」（3・4）する声なのです。

ヨハネの後に来るメシアは、人であって、神である方です。誰も捉えきれない方です。その方がやって来られる。手には箕《み》を持ち、麦と殻を分け、「麦は倉に入れ、殻は消えることのない火で焼き払われる」（3・18）と言うのです。私たちは、自分は箕に残る麦だろうか、ふるい落とされる殻だろうかと考えるべきですし、麦になるべく努力すべきでしょう。

ヨハネは、麦は私たちキリスト者であり、殻は罪であると言っているのではないでしょうか。人間を罪から解放してくださるメシアが来られる。罪人であるヨハネには、「罪の赦し」はできません。それができるのは神のみです。しかし、人間は罪が赦されなければ、真実な意味で自由にはなれません。そういう自由を与えてくださるメシアが、神の許から送られてくる。ヨハネは、そう告げているのです。

しかし、領主ヘロデのように、私たちは自分の罪を見させられることを好まないものです。その点は以下で次第に明らかになっていきます。

9　罪人を救うために（3・21―38）

民衆の中のイエス

「民衆が皆洗礼を受け、イエスも洗礼を受けて祈っておられると」（3・21）とあります。でも、このことが起こったのは、領主ヘロデが「ヨハネを牢に閉じ込め」（3・20）る前のことです。イエス様は、民衆の一人として洗礼を受けられたのです。先駆者ヨハネの時代は終わり、ここからイエスの時代が始まることを表しているような気がします。

ヨハネは「福音を告げ知らせる」（3・18）ことによってヘロデに捕らえられ、結局、殺されました。イエス様も後に「福音を告げ知らせる」（4・18）ことで捕らえられ、殺されるのです。なぜかと言えば、「福音」を聞くことを通して、人の罪が白日の下にさらされてしまうからです。その「福音」に、私たちは耐えられず、自分の罪を炙《あぶ》り出す者を遠ざけるか、排斥してしまう。悔い改めを拒絶し、私たちは救済を自ら拒否してしまうのです。もちろん、本人には全くその気がありません。

「民衆はメシアを待ち望んで」（3・15）いました。でも、彼らも最後には「十字架に付けろ」と叫ぶのです。彼らもまた、領主ヘロデと変わることのない「人間」なのです。イエス様は、救いを求めつつ自ら拒否してしまう人間の世で洗礼を受けたのです。イエス様の受洗は、罪無き者が罪を犯さざるを得ない罪人と連帯するためだったのだと思います。これは、イエス様にとって一大決心だったでしょう。

私たちは、自分を愛してくれる者は愛することができるかもしれません。しかし、その愛も自己中心（エゴイズム）と無関係ではあり得ません。私たちの愛は、突き詰めれば自己愛です。しかし、それが本当に自分のためになるのでしょうか。自分でそう思っているだけなのではないでしょうか。

イエス様の愛は、私たちに「救い」をもたらすために生き、そして殺される愛です。愛した者たちに殺されるのです。そして、少しも感謝されることがない。そういう愛が、イエス様の愛です。そんな愛は、私たちにはありません。しかし、そういう愛で愛されなければ、私たちは救われません。私たちの罪は、居座り続けます。

聖霊が降る

イエス様は、そういう者たちが「罪の支配から解放されるように」と祈られます。よく「お祈りしかできなくて」と言われます。何にもできない時にそう言われることが多いと思います。でも、私たちはまず何よりもイエス様に祈られている存在なのだ、と知ることは大事なことです。

イエス様の姿を、天上で神様は御覧になっていました。そして、「聖霊が鳩のように目に見える姿でイエスの上に降って来た」（3・22）のです。「聖霊」は、三位一体の一つなる神です。その「聖霊」がイエス様の上に降って来たとは、イエス様と神様は一体の交わりをし、イエス様を通して神の姿が現れることを現していると思います。

そして、神様はイエス様にこう言われたのです。

「あなたはわたしの愛する子、わたしの心に適う者」（3・22）

これは、王の即位の時に使われる言葉です（詩編2・7）。しかし、ルカ福音書には「愛する」という言葉が加わっています。直訳すれば「愛する子」ではなく、「あなたは私の子、愛する者」です。ここで子は、親とは違う人格を持ちつつ親との一体の交わりをする者として描かれています。つまり、親と対話する存在です。その子は、神様の愛する者だと言うのです。「わたしの心に適う者」とは、「わたしの願ったことを行う者」という意味です。

神様は、民衆の一人として洗礼を受け、民衆の救いのために祈っているイエス様の姿を見て、「よくぞここまで育ってくれた」と喜ばれたと思うのです。イエス様の姿を見て、ザカリアにガブリエルを送った時から始めた救済の歴史が新しい段階に来たことを、神様は知ったのでしょう。だから「私はあなたを愛している。いつもあなたと共に生きているのだ」と告げているのだと思います。

そういう天からの声を聞くことを通して、イエス様は立ち上がることができたと思います。この本の読者の多くは、教会の礼拝に出ておられると思います。礼拝の最後は、「派遣と祝福」です。私たちは、礼拝を通してキリスト者として福音を信じ、証しして生きていくようにと派遣されます。しかし、派遣通りに生きることは、とても私たちの力でできることではなく、神様の祝福があって初めてできることです。だから、私たちは毎回、牧師を通して神様の祝福をいただくのです。キリストの恵み、神の愛、聖霊の交わりなくして、福音を生き、福音を証ししながら生きることなどできようはずがありませんから、礼拝の最後はいつも祝福なのです。それが派遣の土台です。

系図

マタイ福音書の最初とルカ福音書の3章に系図が出てきます。系図は、その人が属する家柄とか血筋を示すものです。その人が何者であるか、そのことを表すことが系図の目的です。マタイの方は、ユダヤ人の中で完全数であった七の二倍の十四代ごとに救済史の段階が変わり、ついにイエスがキリスト（救い主）としてお生まれになったことを言っています。そこには女性も異邦人もいます。ルカは、マタイとは逆に歴史をさかのぼる形で系図を書きます。彼は、これからイエス様が宣教を開始する所で系図を書くのです。イエス様が誰であるかを、はっきりさせるためにです。

ルカは七の倍数である七十七世代の人間を書き、イエス様が生まれたことは神様の計画であることを暗示しています。イエス様が宣教を開始したのは三十歳くらいの時と言われています。そして、ヨセフがエジプトで総理大臣になったのも「三十歳」ですし（創世記41・46）、ダビデが全イスラエルの王になったのも「三十歳」です（列王記上5・4）。聖書において、「三十歳」は大事な仕事を始める年齢です。

この系図の中に「ダビデ」、「アブラハム」も出てきます。しかし、彼らは特別な人としてではなく一人物として登場します。また、すべて男性で女性は一人もいませんし、すべてはユダヤ人です。ひたすらに、神に向かっていくのです。

系図は23節から始まり、38節でアダムと神に至って終わります。つまり、イエス様はアダムの子であり、神の子なのです。

「アダム」とは最初の人間です。そして最初の罪人です。人間は誰しも「アダムの子」なのです。

私たちは誰もが罪人なのです。そのことから逃れることはできません。誰もが、「(あなたは) どこにいるのか」「(あなたは) 何ということをしたのか」(創世記3・9、13) と言われてしまうのです。そういう人間の救いのため、イエス様はお生まれになったのです。

人間は、自分で自分を救うことはできません。自分が犯した罪を、自分で赦すことができるでしょうか。そんなことはできません。それができるのは神だけです。罪とは神に対して犯すものです。その罪の支配の中に置かれている限り、私たちは罪の奴隷《どれい》にすぎません。「自分は奴隷ではない」と思わせるのが、罪の常套手段ですから。そういう人間の罪をイエス様がすべて背負って、十字架で神の裁きを受けてくださったのです。そして、三日目に死人の中から復活させられ、主イエスを捨てて逃げ去った弟子たちの真ん中に立ち「平和」を告げてくださった。神様と罪人の断裂した道を繋いでくださったのです。その事実を信じる信仰を与えられる時、私たちは救われます。罪が赦されるからです。

10　何を拝むのか（4・1―13）

人間

イエス様は聖霊に満たされてヨルダン地方から帰られました。これから始まることは、「人間が」ではなく、「神様が」始めることなのだ。ルカは、そう言っているのでしょう。

神様が人間を造られる時、「我々にかたどり、我々に似せて、人を造ろう」（創世記1・26）と、おっしゃいました。神のお考えを聞いたり、自分の考えを言ったりすることができるのは、神にかたどられ、似せて造られた人間だけです。そして、神のお考えを地上で実行するのも人間だけです。

パウロは、こう言っています。

神の霊によって導かれる者は皆、神の子なのです。あなたがたは……神の子とする霊を受けたのです。この霊によってわたしたちは、「アッバ、父よ」と呼ぶのです。この霊こそは、わたしたちが神の子供であることを、わたしたちの霊と一緒になって証ししてくださいます。
（ローマ8・14—16）

私たちキリスト者は、神様を「父よ」と呼ぶことができる霊を、聖霊によって与えられたのです。この霊によって、神様のおっしゃることを聞くことができるのです。この霊がなければ、私たちは肉に過ぎないのだと思います。

荒れ野の試み

「荒れ野」（エレーモス）とは「人里離れた所」（4・42）とも訳せます。つまり、人がいない所です。人の声がしない。そういう所で、イエス様はしばしば祈られます（5・16）。そこは、神の言葉に集中できる場所なのだと思います。私たちも独りになることが必要です。

しかし、神様のいます所には悪魔もいるものです。イエス様は四十日間、飲まず食わずで悪魔の試みを受けられました。その期間が終わり、イエス様が空腹を覚えられた時、悪魔が最後の試みを仕掛けてきました。ある面、これはイエス様の内面の声でしょう。そして、イエス様にとって「神様とは何であるか」がはっきりするのです。それは、これからの伝道にとって、必要なことでした。

悪魔は「神の子なら、この石にパンになるように命じたらどうだ」と言いました。現代でも、人々の最大の関心事は景気です。選挙前には、政治家たちの多くがそのことに関する公約をします。その問題を突き詰めていくと、人間が生きるとは何によってか、そもそも生きるとは何かという問題になります。「石をパンに変えよ」とは、人間はパン（食物）によって生きるものであり、神の子は、その命を維持するべきである。そうでなければ、人々の支持はなくなるぞ、と悪魔は言っているのです。

しかし、神の子は人間に支持されなければ神の子でいられないのでしょうか。

主イエスは、「『人はパンだけで生きるものではない』と書いてある」（4・4）と言われました。これは旧約聖書の申命記の言葉です（8・3）。荒れ野の放浪を通して知らされたことは、人間はパンだけで生きるものではないということです。

私たちは言葉に支えられて生きるものです。「私が生きているのは、あの人に○○と言われたからだ」ということがよくあります。自分の存在を丸ごと肯定してくれ、自分と共に生きてくれる人の励ましの言葉に支えられて生きる。その時の「命」は肉体の命を越えたものです。その言葉が神の言葉であれば、なおさらでしょう。

主イエスが要約された申命記の言葉は、こういうものです。

主はあなたを苦しめ、飢えさせ、あなたも先祖も味わったことのないマナを食べさせられた。人はパンだけで生きるのではなく、人は主の口から出るすべての言葉によって生きることをあなたに知らせるためであった。(申命記8・3)

神様は、私たちの命とは何であるかを考えさせるために、試練を与える場合もあります。悪魔の次の誘惑は、この世の権力と繁栄を与えようというものです。その条件は、「もしわたしを拝むなら」(4・7)というものです。私たちも「悪魔に魂を売り渡した」という言葉を使います。目先の利益を求めて、魂が考えていることの逆をやってしまい、気が付いた時には遅い。そういうことがあります。

イエス様はこう言われます。

「『あなたの神である主を拝み、ただ主に仕えよ』と書いてある。」

(4・8。申命記6・13、10・20も参照)

私たちの「命」を生かすものが何であるかを見誤ると、とんでもないことがあります。しかし、その経験をどう受け止めるかが、大事なことです。

最後に悪魔はイエス様を神殿の屋根の上に立たせ、「そこから飛び降りよ、もし神の子なら、神が助けてくださるだろう」と言うのです。

それに対して、イエス様は「『あなたの神である主を試してはならない』と言われている」（4・12、申命記6・16）と言われました。

先日、ある方から「私たちは困った時に神に頼むことはあるが、クリスチャンみたいに、何もなくても神のことを覚えるなんてことはない。どうしたら、そんな風になれるのか」と言われました。私はその方にこう言ったのです。

「困った時の神頼み、は昔からある。しかし、それは結局、神様よりも自分が上に立っていることなのではないか。自分の願いを叶えてくれれば、その神にはご利益があり、叶えてくれなければご利益がないから、他の神を拝む。それは神様の力を自分が量っていることにならないか。私たちクリスチャンは、神の御心に適う自分になりたいのであり、私たちの願いを神様に叶えさせたいわけではない。なぜなら、神様は私たち以上に私たちのことを知っておられる方だからだ。

そして、私たちは誰もイエス様のことを捕らえたとは思っていない。今も捕らえんとして追い求めている。そうするのは、捕らえられているからだと思う」

その方は雲をつかむような話に感心したような、あきれたような顔をしていました。私たちもその方と同じように、知らず知らずのうちにイエス様を自分に従わせようとしています。私たちも悪魔の誘惑に絡めとられているのではないでしょうか。

拝む

「拝む」（プロスクネオー）という言葉が使われています（4・8）。この箇所の問題は、私たちは悪魔を拝むのか、主を拝むのかに尽きると思います。「悪魔」は、人間の内面の声と考えても良いでしょう。何を拝むかによって、私たちが何者であるかが決まっていきます。

この福音書は、こういう言葉で終わります。

彼らはイエスを伏し拝んだ後、大喜びでエルサレムに帰り、絶えず神殿の境内にいて、神をほめたたえていた。（24・52―53）

イエス様は十字架に磔《はりつけ》にされた時に、神の子なら十字架から降りて「自分を救ってみろ」（23・37）と言われました。しかし、イエス様は十字架から降りず、ご自分の「霊」を神に委ねて息を引き取られました。そのようにして、罪人に対する神の裁きを受けて、私たちの罪の赦しを祈ってくださったのです。そこに、神の愛する子、その心に適う者の姿があり、聖霊に満たされた者の姿があるのです。だからこそ、イエス様は死人の中から復活させられ、弟子たちに「平和」を告げられ、天に挙げられるのです。その昇天の場面で、ルカ福音書は終わります。イエス様の弟子たちは、この時、拝むべき方が誰であるかを知り、そのことを通して、自分が何によって生きているのかを知ったのです。

11　主の業としての福音（4・14―30）

霊の力に満ちて

荒れ野で悪魔から誘惑を受けられた後、イエス様は育ったガリラヤ地方に帰って来られました。それは霊の力に満たされた（4・14）ことによります。イエス様の中にある霊の力が神の働きである聖霊に呼応して、ガリラヤに来られたのだと思います。

そして、安息日に会堂に入り、聖書を読んで教えられました（4・14―15）。「教え」については後に述べることにして、今は「皆から尊敬を受けられた」（4・15）という言葉に目を止めたいと思います。

この「尊敬」という言葉（ドクサゾー）は多くの場合「賛美する」と訳され、その相手は基本的に「神」です（7・16、13・13など）。この後、イエス様がご自身のことを「人の子」と称し、「人の子が地上で罪を赦す権威を持っていることを知らせよう」（5・24）とおっしゃり、中風の人を立たせ、家に帰らせたという箇所があります。その様を見て、「人々は皆大変驚き、神を賛美し始めた」（5・26）のです。

ここでは癒しの奇跡と罪の赦しが結びついています。罪の赦しができるのは、罪を犯した人間ではなく、罪を犯された神だけです。そもそも罪の赦しなど、人間の業ではありません。また、罪に対する裁きのない赦しなどあり得ません。イエス様は、罪人が受けるべき神様の裁きを受けるがゆえに、人間の罪を赦す権威が与えられているのです。この箇所でも、イエス様に向けられた人々の尊敬は賛美を意味し、イエス様は神であることを暗示しているのでしょう。

主の霊

ルカ福音書は、イエス様が育たれたナザレにおける伝道について詳しく述べます。イエス様は、「いつものとおり安息日に会堂に入り、聖書を朗読しようとしてお立ちに」（4・16）なりました。そこでイザヤ書の巻物が手渡され、61章や42章などの言葉を読みました。その最初の言葉は、こういうものです。

「主の霊がわたしの上におられる。」（4・18）

言うまでもなく、この言葉が今後のイエス様の伝道の業全体を表すものです。イエス様の語る言葉、なさる業、それは「主の業」なのです。これは大事なことです。イエス様の言葉や業は「主の霊」に導かれ、「主の霊」がイエス様になさしめたものなのです。単なる人間業とか人間の思想ではありません。続けてこう読まれました。

「貧しい人に福音を告げ知らせるために、主がわたしに油を注がれたからである。主がわたしを遣わされたのは、捕らわれている人に解放を、目の見えない人に視力の回復を告げ、圧迫されている人を自由にし、主の恵みの年を告げるためである。」(4・18―19)

「貧しい人」とか「捕らわれている人」や「目の見えない人」は、文字通りの意味に限りません。経済的に貧しくはなくても心が貧しい時はあるし、何かの思いに捕らわれて凝り固まってしまう時もあります。また、見るべきものが見えない時もあります。すべてに共通していることは、「罪」です。

神様は、禁断の木の実を食べ、木の陰に隠れているアダムとエバに、「(あなたは)どこにいるのか」「(あなたは)何ということをしたのか」(創世記3・9、13)と言われました。神様はご自身にかたどり、姿に似せて人間を造り、他の被造物を託しました。人間は、神様の御心に従って、被造物を治めるべきです。しかし、私たち人間は自分が考え出した神になってしまうものです。そうなってしまうことで神様との関係が壊れ、人との関係も壊れてしまうのです。そういう私たちに向かって、神様は「あなたはどこにいるのか」「あなたは何ということをしてしまったのか」と問われるのです。

人間が自分の分を忘れて、自分が神であるかのように振舞うこと、そういう領域侵犯が罪なのです。そもそも神は人間が考えるような存在ではありません。この領域侵犯という罪を犯したことがない人間はいません。私たちはこの罪によって、神様と離れていき、人間同士も離れていき、自分の姿を失っていくのです。貧しい人、捕らわれている人、目の見えない人は、そういう罪との関係でとらえるべき言葉だと思います。

そういう者たちに福音を告げ知らせるため、解放や自由を与えるために、イエス様は神様から遣わされたのです。本来の被造物としての姿、神にかたどられ、神の姿に似せて造られた人間の姿を回復する福音を私たちに与えてくださるために、イエス様は遣わされたのです。イエス様は主の霊によって語り、業をなすのです。

イエス様は最後に「主の恵みの年を告げるためである」(4・19)と、おっしゃいました。この言葉の背景にヨベルの年があると言われます(レビ記25・8―10)。七の倍数である四十九年目の贖罪日《しょくざいび》に「全住民に解放の宣言をする」と記されています。その言葉の底流にあるのは、「土地はわたしのものであり、あなたたちはわたしの土地に寄留し、滞在する者にすぎない」（同25・23）という自己理解です。

この場合、問題は土地です。でも、その土地に住む全住民は主のものであることが前提です。この全住民が罪によって自分の姿を失っている。その姿を見て、神様はご自分の独り子を遣わし、元の姿を回復する道をつくってくださった。そのことを「恵み」と言い、その「恵みの年」が今こそ始まると、イエス様は言っているのです。イエス様は、その恵みを罪人に与えるために、十字架の上で死ぬのですし、三日目に復活されるのです。

そして、イエス様は席に着かれました。この時代の教師は座って教えたのです。人々の目が、一斉にイエス様に注がれました。そこでイエス様は「この聖書の言葉は、今日、あなたがたが耳にしたとき、実現した」（4・21）と、おっしゃいました。それは、罪の赦しという福音をもたらす私がこの世に来たということです。でも、その「来た」は何年何月何日に来た、ということではなく、「あなたが耳にした時」に起こる現実なのです。福音は、イエス様と無関係に来ることではありません。

会堂の中の人々は、主イエスの「恵み深い言葉」に驚き、イエス様をほめました。でも、次第にイエス様は自分たちと同じ人間なのに、なぜこんな言葉を語ることができるのだと、いぶかしがり始めました。彼らが、イエス様の父親とされていたヨセフのことを知っており、幼かった頃のイエス様を知っていたことも影響したかもしれません。

選び

そこでイエス様は、いくつかの例を挙げて、神の「選び」について語りました。私たち人間は、「自分が」福音を手にするのだと考えがちです。でも、福音も恵みも神のものであって、自分のものではありません。イエス様がそう考えていることを知った会堂内にいた人々は皆憤慨し、イエス様を町外れの山の崖まで連れて行き、そこから突き落とそうとしました（4・29）。

当初はイエス様をほめ、その言葉に驚嘆していた民が憤慨し、最後はイエス様を殺そうとする。その展開を見ても、私たちは福音を恵みと捉えるのではなく、あくまでも私《わたくし》しようとする存在だと分かります。福音とは、最初は人々から称賛をうけるものです。でも、それは私できるものではないと知った時、排斥されるのです。私たちは、神のものである福音を私していないでしょうか。

12　イエス様とは誰か（4・31—44）

イエス様は不思議な存在

イエス様は生まれ故郷のナザレの会堂で称賛された後、崖から突き落とされて殺されそうになりました。人々は、最後にはイエス様を殺そうと思ったのです。しかし、イエス様は、私たちには分からない不思議な力でその場を「立ち去られ」（4・30）ました。そのすべてが、イエス様の今後を証ししています。イエス様の言動のすべてが、私たちにとっては称賛すべきことであると同時に、排斥すべきものなのです。そして、イエス様の言動の本質を、私たちは分かっていない。私たちにとって、イエス様はそういう不思議な存在です。

イエス様は、安息日に会堂の中で「人々を教えておられた」（4・31）とあります。そして、人々はその教えに「非常に驚いた」のです。それは「その言葉には権威があった」（4・32）からです。「権威」とは、原文のギリシア語ではエクスーシアと言います。それは、権利、権威、支配と訳される言葉です。そういう所から、神に由来する言葉だとも言われますが、「本質から出てくる言葉」という意味でしょう。

先日、ある教会の信徒の方が、「あの牧師が説教で語っている『愛』とはどういうものかと疑ってしまいましたよ……」とおっしゃいました。牧師である私にとっては特に耳が痛い話でした。私たちは「言葉」では何とでも言えるものです。しかし、「愛」を生きるとは大変なことです。牧師が特にそうかもしれませんけれども、私たちは聖書に出てくる神様の「愛」を語りつつ、その愛を生きていないことがほとんどです。

権利も権威も支配も、力がなければ行使できないことです。イエス様が、会堂内にいた男に取りついていた汚れた悪霊に「この人から出て行け」とお叱りになると、悪霊はその人を投げ倒しつつ出て行きました（4・35）。人々は「この言葉はいったい何だろう。権威と力とをもって汚れた霊に命じると、出て行くとは」（4・36）と言ったのです。私たちは、イエス様の言葉が引き起こす現実、その問題を考えていかねばなりません。

その後イエス様は「会堂を立ち去り」（4・38）、シモンの家に行かれ、そこで高い熱に苦しんでいた彼のしゅうとめを癒しました。そして「日が暮れると、いろいろな病気で苦しむ者を抱えている人が皆、病人たちをイエスのもとに連れて来た」（4・40）とあります。当時のユダヤ人社会では日没から新しい日が始まると考えられていましたから、安息日が終わってから多くの人々がイエス様の所に病人を連れてきたということです。

それは、安息日には癒しなどの業をすることは禁じられていたことを表します。そして、病を癒すことは悪霊を追い出すことと同じように、基本的に宗教的な事柄なのです。今でも私たちは重い病にかかった時に、「私は何も悪いことをしてはいないのに……」と言ったりします。倫理的なことと病気を関係づけるのです。病院なんてない時代、高熱などの体の異変は悪霊に取りつかれていることと同じくすべて宗教的な事柄です。だから、会堂の内外でイエス様が行ったことは、何もかも安息日規定に違反することであり、当時の社会を作り上げていた律法に違反することなのです。律法は、神から与えられたものですから、イエス様は律法破りの罪人ということになります。

神の聖者、神の子

イエス様は、会堂の内でも外でも病を癒し、悪霊を追い出しました。悪霊は「ああ、ナザレのイエス、かまわないでくれ。我々を滅ぼしに来たのか。正体は分かっている。神の聖者だ」（4・34）とか、「お前は神の子だ」（4・41）と言って、多くの人から出て行きました。

「かまわないでくれ」に込められた悪霊の気持ちは、「私たちとあなたとは何の関係があるのか、無関係だろ。何しに来たんだ」というものでしょう。悪霊たちにとって、イエス様は「我々を滅ぼしに来たのか」と言いたくなる存在だったのです。

その中にある「来る」という言葉に、思いをめぐらせてみたいのです。

私たちは、イエス様が安息日の会堂で読んだイザヤ書の言葉を知っています。そこにはこうありました。

「主の霊がわたしの上におられる。
貧しい人に福音を告げ知らせるために、
主がわたしに油を注がれたからである。」（４・18）

また、イエス様が洗礼者ヨハネから洗礼を受けられた時、天から「あなたはわたしの愛する子、わたしの心に適う者」（３・22）という声を、イエス様は聞きました。

この言葉から分かりますように、イエス様は、「神の子」であり、神様から〝霊〟を注がれてこの世に遣わされたメシアなのです。イエス様は人であって神だし、神であって人であり、私たちの理解をはるかに超えた方なのです。そのイエス様が、天（神）から地上に遣わされて「来た」。イエス様が地上に派遣されてきたことを鋭敏に感じ取るのは、人々を支配する権力を持っている悪霊でしょう。だから、彼らはイエス様を見た途端、「ああ、お前と私たちと何の関係があるのか」と叫び、イエス様の正体を大声で叫んだのです。それは、一つには、正体を言い当てれば、その力を無効化できるということが考えられていたのかもしれません。

イエス様は、悪霊にものを言うことをお許しになりませんでした(4・35、41)。なぜでしょうか。「悪霊追放」や「病の癒し」は宗教的な事柄だと言いました。端的に言えば、それは支配者の交代を象徴しています。それまで人を支配していた者が追い出され、天から送られて来た者が支配する。そういう現実が今始まった。そのことを「来た」と言い、「福音を告げ知らせる」(4・18)と言うのです。神はそのためにイエス様を遣わし、イエス様の上に〝霊〟を置かれたのです。しかし、悪霊にとって、それは福音(良い知らせ)ではありません。その逆です。そういう者たちが、イエス様のことを「神の聖者」「神の子」と口にすることを、イエス様はお許しになりません。

悪霊は、イエス様が神様から遣わされたメシアだと知っていました。人々はまだ誰もそのことを知りませんでした。でも、それは理性ではなく信仰で知ることなのです。そして、口で言うことではなく、ひざまずいて告白することです。

「人里離れた所」(4・42)はイエス様の祈りの場です。しかし、そこに群衆は来て、「自分たちから離れて行かないように」（４・42）と言います。群衆の願いの根底にはイエス様に対する誤解があります。彼らはイエス様を霊媒師か病の癒し人だと思っているのです。近くに置いておけばとても便利な道具のようにです。それは、悪魔が荒れ野でイエス様を誘惑したことと同じです。群衆の願いを聞いている限り、イエス様は安泰です。しかし、彼らは全く「福音」を理解していないのです。

福音を告げ知らせる

イエス様はこう言われます。「ほかの町にも神の国の福音を告げ知らせなければならない。わたしはそのために遣わされたのだ」（４・43）。

イエス様は「神の国」を告げ知らせるために神に遣わされたメシアです。この方だけが、私たちを支配し、私たちを神から遠ざける罪の力から解放してくれるメシアなのです。そのためにイエス様は「ユダヤの諸会堂に行って宣教された」（４・44）のです。私たちがひざまずいて「あなたこそメシアです」と告白するのはこの方のみです。

13　被造物の必要を満たすとは（5・1―26）

神の言葉

イエス様の言葉は不思議です。人間の言葉でありつつ神の言葉だからです。だから、表面的には分かるけれど、実は分かっていない。そういう不思議な言葉です。その言葉を、ここでは「神の言葉」と言っているのでしょう。人々は、その言葉を聞こうとしてゲネサレト湖（ガリラヤ湖）に集まってきました。

一晩中漁をして一匹の魚も獲れなかったシモンをはじめとした漁師たちがいました。彼らは湖の岸辺で網を洗っていました。イエス様は、ペトロに少し沖に漕ぎ出してもらい、その舟の中から大勢の群衆に教えられたのです。それが終わった後、「沖で網を降ろしてみなさい」と、ペトロに命ぜられたのです。漁の素人から言われた言葉にペトロは少し反感を抱きつつも、「お言葉ですから」と言って、舟を沖に漕ぎ出し網を降ろしました。すると彼が、経験したこともない大漁になったというのです。

舟は教会であり魚は信徒であると、言われることがあります。私たちは、信徒の数が激減し始めている時代を生きています。そういう中でこの言葉を聞く時、どういう思いになるのでしょうか。

「シモン・ペトロは、イエスの足もとにひれ伏して、『主よ、わたしから離れてください。わたしは罪深い者なのです』と言った」（5・8）とあります。彼は、神の言葉の力に触れ、これまで知らなかった光に照らされ、今まで知らなかった自分の姿が見えたのだと思います。自分の罪深さを知り、恐れに捕らわれたのです。だから彼は、主イエスに離れてもらいたい。しかし、自分は罪人なるがゆえに、主イエスにすがりつく以外に救われる道はないと知る。だから、体はイエス様の足もとにひれ伏すのだと思います。

そこに礼拝が生じるのです。それまでの彼にとって、イエス様は「先生」（5・5）でしたが、この時は「主」（5・8）でした。そして、彼は「シモン・ペトロ（岩）」（5・8）にされ、主イエスは、シモン・ペトロに「恐れることはない。今から後、あなたは人間をとる漁師になる」（5・10）と言われたのです。神から引き離し、人間の姿をどんどん失わせていく罪の力から解放する方はこの方だけです。そして人間を伝道者として派遣する方は、この方だけです。彼は、イエス様のことはまだ良く分からなかったに違いありません。しかし、この方以外に救い主（キリスト）はいないと直感的に感じ、「すべてを捨ててイエスに従」(5・11) いました。人間をこのように変えることは、人間にはできなくとも神にはできるのです。そして、イエス様の言葉が「神の言葉」であると私たちが知っていくのは、イエス様に従いながらのことです。

御心ならば

重い皮膚病にかかった人が、主イエスの前にひれ伏し、「主よ、御心ならば、わたしを清くすることがおできになります」(5・12) と言いました。イエス様は、その病を癒した後、「だれにも話してはいけない。ただ、行って祭司に体を見せ、モーセが定めたとおりに清めの献げ物をし、人々に証明しなさい」(5・14) とおっしゃったのです。

イエス様の癒しの奇跡は、単に癒しではないと以前言いました。当時、病は罪の結果与えられる神の罰だと考えられていたので、病の苦しみに加えて、神に怒られている罪人と人々から見られている苦しみを、病人は味わわねばなりませんでした。イエス様は、その苦しみに目を止められるのです。

重い皮膚病にかかった人はイエス様の前にペトロと同じくひれ伏しました。そして、直訳すれば「主よ、もしもあなたが願えば、あなたは私を癒すことができます」と言いました。身も心も主に委ねたのです。「願い」という言葉は、原文ではセローです。

イエス様の願いは神の意志に従うことでした。イエス様は十字架刑を目前にした時、できればそういう裁きは受けたくないと言った後、こう祈られるのです。

「父よ、御心なら、この杯をわたしから取りのけてください。しかし、わたしの願いではなく、御心のままに行ってください。」すると、天使が天から現れて、イエスを力づけた。

（22・42—43）

この中に「御心」とあるのが、動詞セローの名詞形であるセレーマです。イエス様の願い、イエス様の意志は、神様の意志に従うこと、神様の意志を生きることです。神の意志はイエス様が最も避けたい十字架における死にあります。人間の罪を背負い、罪人が受けるべき裁きを代わりに受けることです。しかし、そうしなければ罪の赦しはなく、罪の赦しがなければ復活はありません。復活がなければ、罪人と神との間に「平和」（24・36）はないのです。イエス様の「よろしい（セロー）、清くなれ」（5・13）という言葉は、ついに神との平和に行き着きます。そのことは、次の出来事でより明確になります。

罪の赦し

ある日のこと、イエス様はある家の中で、教えたり癒したりしておられました。首都のエルサレムから来た「ファリサイ派の人々と律法の教師たちがそこに座っていた」(5・17)のです。彼らはユダヤ人社会の中心である祭司長や長老たちから派遣された人々です。近頃、有名になり始めたイエスという男を見るためにはるばる来たのでしょう。

その時、男たちが中風で歩けない人を担架に乗せて来たのですが、群衆が多すぎてその家に入れなかったのです。そこで彼らは、その家の屋根の瓦をはがして中風の者をイエス様の前に吊り下げました。イエス様は、この常識破りな行動を、「その人たちの信仰」(5・20)と見たのです。中風の者を何としてでもイエス様に会わせたい。そうすれば、きっとイエス様が彼を救ってくださるに違いない。そのためだったら何でもする。そういう行動にイエス様は、信仰を見ました。

中風の者の信仰ではなく、その人たちの信仰を見て、「人よ、あなたの罪は赦された」(5・20)と言われたのです。それは、ファリサイ派の人々にしてみれば、神を冒瀆《ぼうとく》する言葉です。なぜなら、神以外に罪を赦すなどということはできないからです。彼らは、この男は神を冒瀆していると心の中で考え始めました。しかし、イエス様は彼らの考えを見抜き、こう言われました。

「何を心の中で考えているのか。『あなたの罪は赦された』と言うのと、『起きて歩け』と言うのと、どちらが易しいか。人の子が地上で罪を赦す権威を持っていることを知らせよう。」（5・22―24）

そして、中風の人にこう言われたのです。

「わたしはあなたに言う。起き上がり、床を担いで家に帰りなさい。」（5・24）

イエス様にとって、病の癒しは罪の赦しなくしては現象でしかありません。人間が求めているのは、欲求の実現です。しかし、人間は自らの感覚を超えたところで「罪の赦し」を求めています。それが、神に造られた被造物の願いだからです。正確に言えば、罪の力から解放されて生きることを、神様が人間に対して願っておられるのです。それが人間にとって表面的な欲求ではなく、実質的な必要なのです。その必要を満たすために、神様は人の子としてイエス様をこの世にお遣わしになったのです。イエス様は罪の赦しを与えるために遣わされた人の子です。「人の子」とは、イエス様がご自分を呼ぶ時の名ですけれど、キリスト（救い主）のことです。イエス様は、「床を担いで家に帰」るよう命じました。中風だった人はその言葉を聞いて「皆の前で立ち上がり」（5・25）家に帰って行きました。「立ち上がり」は、イエス様の十字架の死後、復活する（アニステーミ）と同じ言葉です。中風の人の癒しは、単なる癒しではなく、罪の赦しを表すのです。

十字架と復活の御業を為し終えられたイエス様が天に挙げられる時、主イエスは弟子たちを祝福（エウロゲオー）し（24・50）、その後、弟子たちは「神をほめたたえていた（エウロゲオー）」（24・53）という言葉でルカ福音書は終わります。今回の箇所も「神を賛美する（ドクサゾー）、崇める」という言葉が25節と26節で使われ、「今日、驚くべきこと（パラドクソス）を見た」（5・26）で終わります。イエス様が崇めるべき神様から遣わされた存在であることが、人々も次第に分かり始めたのかもしれません。

14 新しくなりなさい（5・27—39）

何もかも捨てて従った

イエス様は中風の者の「罪を赦した」（5・18）後、レビという男を招かれました。彼は徴税人でした。徴税人とは、ユダヤ人の王や領主だけでなく、彼らを支配していたローマ帝国のためにも税金を集めた人であり、同胞のユダヤ人からは嫌われる仕事でした。しかし、徴税人の資格はローマ帝国が競売にかける人気商売だったようです。つまり、同胞から「裏切り者」「罪人」と言われても、徴税人をすることで受ける経済的メリットは大きなものでした。

ヨブ記の中にこういう言葉があります。

「ほうっておいてください。
あなたに従う道など知りたくもない。

なぜ、全能者に仕えなければならないのか。
神に祈って何になるのか。」(ヨブ記21・14―15)

こう言っている者が人生の最期まで繁栄し、神の罰を受けることがない。ヨブは、その現実を前にして深く傷つきます。正しく生きて来た自分は酷い目に遭い、このようにうそぶく者たちは見逃される。ヨブの言葉は、ユダヤ人の心に深く響いたことでしょう。

ここでも、収税所に座っているレビを「見た」(セアオマイ、観察した)イエス様が、「わたしに従いなさい」(5・27)と、レビを誘うと、彼は「何もかも捨てて立ち上がり、イエスに従った」(5・28)のです。イエス様の方が、収税所に座って仕事をしている彼のことを見たのです。レビは富こそが人生を支えてくれると信じていたのか、富は人生を支えるものではないと気づき空しい思いに捕らえられていたのか、私には分かりません。でも、イエス様が彼を見て誘った時、彼は何もかも捨ててイエス様に従いました。それだけではありません。彼は自分の家で盛大な宴会を催したのです。

ここに「立ち上がり」(アニステーミ)という言葉があります。これは、イエス様が「復活する」(24・7)時にも使われる言葉です。レビは、イエス様に見ていただいた時、新しい人になったのだと、私は思います。それは、彼が催した大宴会に現れています。

その宴会には、徴税人やほかの人々も招かれました。ユダヤ人にとって食事は祈りから始まる一種の宗教的行事です。レビと一緒に食事をする人は、神ではなく、富を人生の支えにしてきた人々でしょう。そういう人々を、イエス様に会わせたい。そうすれば、彼らも新しい人間になれるかもしれない。レビは、そう考えたのではないかと思います。彼自身もそうだったのですから。

つぶやき

その様子を見て、「ファリサイ派の人々やその派の律法学者たちはつぶやいて」（5・30）、イエス様の弟子たちに「なぜ、あなたたちは、徴税人や罪人などと一緒に飲んだり食べたりするのか」（5・30）と言いました。イエス様が生み出す共同体は、この福音書が書かれた時既に地上に誕生しており、教会と呼ばれていました。その教会の様子は、会堂とは全く違いました。

それまでの会堂は健康な人、正しい人が来ていました。神は、そういう人々がお好きなのだと思われていたのです。しかし、神様が必要とする人間は、神様を必要とし、神様と共に生きる人間、自分のためにではなく、神様のために生きたいと願う人間なのです。

イエス様は「罪人を招いて悔い改めさせる」（5・32）と言いました。悔い改めることと反省することは全く違います。「悔い改め」とは、方向転換のことです。自分のために生きていた人が、方向転換し、神のために生きることです。そのためには、神から見れば自分は一人の罪人であることを徹底的に認めることが前提です。イエス様がその罪を赦してくださる。その信仰抜きに、人間の目に見える正しさなどにしがみ付いている限り、私たちは決して正しくはなれないのです。この世で何をしていたかではなく、自分の罪を認め、悔い改めるか否か。イエス様は、ただそれだけを問われるのです。

今がどういう「時」であるか、そのことを見極めることは大事なことです。今は花婿であるイエス様が一緒にいる時です。そのことを忘れてはいけません。今はそのことを証しする時なのです。私たちにとって、二千年は長い時かもしれませんが、神様から見て二千年が長いか否かは別問題ですし、私たちは、世の終わりに神の国を完成させるためにイエス様が来られる（再臨の）日を目指して生きているのです。イエス様は、聖霊によって教会を建て、私たちと共に生きてくださる方です。そして、今も罪人を悔い改めさせるために招いておられるのです。しかし、今も聖霊によってイエス様が生きておられることが私たちにはなかなか理解できません。

新しい革袋

「総論賛成、各論反対」という言葉があります。キリスト者であれば誰も、主イエスがおっしゃっている言葉には反対しないでしょう。でも、主イエスがなさっていることには従っていないのです。誰かを教会に誘う時、私たちは無意識のうちに自分と似た人を誘うものです。言葉が通じる人、常識をわきまえている人です。そうでないと困るのです。私はしばしば「教会という名のこの世」と言います。私たちは往々にして、教会もこの世と同じ原理で成り立っているものと考え、そのように行動します。それまで使っていた革袋を維持しようとするのです。しかし、それでは新しいものは入りません。私たち自身も新しいものにはなれず、いずれ朽ち果てていくだけです。

イエス様は、こうおっしゃいます。

「だれも、新しいぶどう酒を古い革袋に入れたりはしない。そんなことをすれば、新しいぶどう酒は革袋を破って流れ出し、革袋もだめになる。新しいぶどう酒は、新しい革袋に入れねばならない。また、古いぶどう酒を飲めば、だれも新しいものを欲しがらない。『古いものの方がよい』と言うのである。」(5・37―39)

私たちは、知らず知らずの内にファリサイ派の人々や律法学者のように、宗教的な人々になっていきます。口では「神、神」と言いつつ、教会の中に徴税人のような人がいると、顔をしかめる。そういう人間になっていくのです。主イエスがもたらしてくださった神の国を、言葉では歓迎しつつ現実には否定している。そういうことが、しばしばあります。

多くの人が「自分にとって良い教会」を目指していますが、「神様にとって良い教会」を目指してはいないのです。つまり、旧態依然の自分を受け入れてくれるのが、良い教会なのです。せっかく、イエス様に出会い、悔い改めを与えられたのに、気がつくと昔のままの自分になっている。

しかし、そういう私たちのために、イエス様は地上に来てくださったのです。そして、私たちの罪に対する神様の裁きを身代わりに受けてくださったのです。そうまでして、私たちの罪の赦しを与えてくださったのです。そこに新しさがあるのです。こんな愛は、神様にとって、これまでありませんでした。神様は、正しい人に罪人の罪を背負わせて十字架に磔《はりつけ》にすることによって、罪人の罪を赦すという新しい愛をお示しになったのです。その愛を受けていることを信じて、悔い改め、神のために生きる。それが私たちの人生です。イエス様は、「新しくなりなさい」と、今日も私たちを招いてくださっているのです。

15　本来の安息日（6・1―11）

安息日

宗教的な生活には、目に見える習慣がつきものです。日曜日に神様を礼拝しに教会へ出かけることは、キリスト者である自分を内外に示す習慣かもしれません。世の中では週末とか行楽日とか言われる日に、神を礼拝するために信徒が教会に集まる。それはキリスト者とそれ以外の人々との違いをあらわすものだろうと思います。

ユダヤ教の信仰に基づいて生活をしていた人にとって、「安息日を聖として、守る」のは大切なことでした。しかし、どうすることが「安息日を聖として、守る」ことかは、多様な解釈がありうるでしょう。人間は何かに対して熱心になればなるほど、規定を作り出し、その規定を守ることに躍起になることがよくあります。宗教においては特にそうです。今回の箇所に登場するファリサイ派の人や律法学者は、安息日の規定を守る人と、安息日を聖として、守る人は同じであると考えていた人たちです。必然的に、規定を守らない人は神に見捨てられている罪人であると考えました。病や障がいなどは、規定違反に対する神の罰だと考えたのです。イエス様の言動は、彼らにとって実に腹立たしいものでした。

今回の箇所に収められている二つの話には、それぞれに安息日が出てきます。ここでは、安息日はそもそも何のためにあるのかを十戒を通して考えたいと思います。十戒は出エジプト記20章のものが有名ですけれど、申命記5章にも記されています。律法の中心と言うべき十戒を通して、安息日を聖として、守ることとの意味を考えていきます。

出エジプト記20章の十戒には、こう記されています。

「安息日を心に留め、これを聖別せよ。六日の間働いて、何であれあなたの仕事をし、七日目は、あなたの神、主の安息日であるから、いかなる仕事もしてはならない。あなたも、息子も、娘も、男女の奴隷《どれい》も、家畜も、あなたの町の門の中に寄留する人々も同様である。六日の間に主は天と地と海とそこにあるすべてのものを造り、七日目に休まれたから、主は安息日を祝福して聖別されたのである。」(出エジプト記20・8—11)

申命記5章にはこうあります。

「安息日を守ってこれを聖別せよ。あなたの神、主が命じられたとおりに。六日の間働いて、何であれあなたの仕事をし、七日目は、あなたの神、主の安息日であるから、いかなる仕事もしてはならない。あなたも、息子も、娘も、男女の奴隷も、牛、ろばなどすべての家畜も、あなたの町の門の中に寄留する人々も同様である。そうすれば、あなたの男女の奴隷もあなたと同じように休むことができる。あなたはかつてエジプトの国で奴隷であったが、あなたの神、主が力ある御手と御腕を伸ばしてあなたを導き出されたことを思い起こさねばならない。そのために、あなたの神、主は安息日を守るよう命じられたのである。」（申命記5・12―15）

出エジプト記では、天地創造のわざが安息日の根拠です。天地創造を終えた神が七日目に休まれたように、イスラエルの民も七日目に安息し、神の創造の御業をたたえるように命じられています。申命記では、エジプトで奴隷であったイスラエルが神の力ある御手と御腕によって解放されたことを思い起こし、神を賛美することが安息日を守る根拠です。一方は、天地創造に安息日の根拠があり、他方は救済に根拠があるのです。この二つのことを忘れては、イスラエルは「神の民」ではなくなってしまうのです。
そして、もう一つ大切なことがあります。神の創造と救済によって自分が生かされていることに気づく時、初めてすべての人、また動物とも平等の地平に立てるのです。あらゆる民族差別、人種差別、階級差別、性差別、動物虐待の根拠は安息日によって撤廃されます。創造者にして救済者である唯一の神の御業を覚え、賛美することによって、世界は分断から統合に向かっていくのです。

現実社会

しかし、今もってこれらのことは、実現していません。日本は島国ですし、天皇を中心とした単一民族国家という神話を多くの国民が信じていますけれど、その背景には根深い差別意識があります。世界にはさまざまな壁があります。私たちは、頭では平等は良いものだと思っています。しかし、やっていることは分断であることが多いのです。安息日は、そういう分断、差別を撤廃するためにあるのです。誰も彼も、動物も、神に創造され、生かされていることを覚えれば、さまざまな「分断」など起きようはずもありません。また、私たちは神の救いを必要とする罪人だと分かれば、人を差別することなんてできるはずもありません。私たちは「自分の命、どう生きようが勝手だろう」と思っています。しかし、それでよいのでしょうか。私たちは、自分のことは棚に上げて「あの人はどうだ、こうだ」と言っているのです。

蛇の誘惑によって、神様に食べることを禁じられていた園の中央の木の実を食べ、互いに腰に葉っぱを巻いたあげく、木立に全身を隠しているアダムとエバに、神様は「(あなたは)どこにいるのか」「(あなたは)何ということをしたのか」と問いかけました(創世記3・9、13)。

私たちは何もかも人に見せることはできません。神に対してはなおさらです。そういう存在を聖書では「罪人」と言うのです。私たちは、誰だって罪人なのです。何人であれ、男であれ女であれ、位が高かろうと低かろうと、罪人なのです。その罪人に「あなたはどこにいるのか」「あなたは何ということをしたのか」と向かってくる神様がいる。その神様の前に立つ。神様の言葉を聞き、神様に対して罪を犯したことを知る。その罪を赦し、私たちに新しい命を与えるために、神様が何をなさったかを知り、悔い改めて、神様の前にひざまずき、神様を礼拝する。そのために安息日はあるのです。

安息日の主、命を救うこと

主イエスは、ご自身を「安息日の主である」(6・5)と言い、安息日には「命を救う」(6・9)と言われます。人間が作り出した規定ではなく、安息日を定めた神が願っていることを行うとおっしゃるのです。それこそが主のなさることです。その主のなさることは命(プシュケー、魂とも訳されます）を救うことです。この命は、地上を生きている肉体の命ではありません。神に造られ、神に向かって生きる命です。迷子になってしまった命を、神に向かって生きる命にすることが、主の業であり、救いなのです。

イエス様は、その救いを罪人に与えるためにこの世に来られました。ご自身は罪がないにもかかわらず、罪がないからこそ、罪人の罪を背負い、私たち罪人の身代わりに十字架で神の裁きを受けてくださったのです。それゆえに、神はイエス様を死人の中から復活させた（エゲイロー、立たせた）のです。

イエス様が右手の萎えた人を癒して立たせたことは、イエス様の十字架の死と復活の先取りです。自分が作りだした規定によって、神に見捨てられた人を作り出し、あらゆるところに壁を建てて神と人、人と人を分断する人間に対して、イエス様はいつも真っ向から逆行しているのです。神様は、イエス様の十字架の死と復活を通して、罪人の罪を赦し、罪人に新しい命を与える道をお造りになったのです。私たちは、イエス様を安息日の主であると信じる信仰によって、その命に与ります。安息日とは、私たちの救いがどこにあるかを教えるものであり、規定によって、神に見捨てられた人を造り出すものではありません。私たちは、そのことを忘れないようにしましょう。

16　イエス様の弟子とは（6・12―19）

山の上の祈り

イエス様は、安息日の会堂の中で、右手の萎えた人を癒されました。「安息日こそ命を救い、善を行うべきだ」とおっしゃって、その人を癒されたのです。でもそれは、安息日の規定に真っ向から違反することです。その規定を作り、規定を守る人が信仰深い人なのだとする社会を作っていた律法学者やファリサイ派の人々と真っ向から対立しました。だから彼らは「怒り狂って、イエスを何とかしようと話し合った」（6・11）のです。神の民イスラエルの民を代表すべき彼らが「怒り狂った」のは、彼らが作り上げた社会にイエス様は全く適合しないし、イエス様にはそうするつもりもないことが分かったからでしょう。

彼らの現実は、イエス様にとって大きな悲しみでした。神の民イスラエルには、神の御心を全地に住む人々に広める使命があります。そのために彼らは選ばれ、鍛えられてきたのです。しかし、その彼らが、神の名を語りつつ、さまざまな規定を作り、病気や障がいはその規定に違反したことに対する神の罰であるとし、規定を守らない（守れない）徴税人や羊飼いらは汚れた罪人としていたのです。それがイスラエルの代表と言うべき、律法学者やファリサイ派の姿でした。彼らには全く期待できないことを知って、イエス様は深く悲しまれたに違いありません。

そして、イエス様は山に登られました。神に祈るためです。ルカ福音書には、イエス様が祈る場面がたくさん出てきます（3・21、5・16など）。イエス様が最初に祈られたのは、イエス様が洗礼者ヨハネから洗礼を受けた時です。イエス様の受洗は、イエス様が人間の罪を背負い、罪に対する神の裁きを受ける決断の現れでした。その姿を見て、神様は「あなたはわたしの愛する子、わたしの心に適う者」（3・22）と言われました。イエス様のこの決断と神様の祝福抜きに、新しいイスラエルは生まれようがありません。この受洗の中に、新しいイスラエルの起点があるのです。

新しいイスラエル

徹夜の祈りを終えて、イエス様は弟子たちを呼び寄せ、彼らの中から十二人をお選びになりました。その中には、イエス様が「岩」（ペトロ）と名付けたシモンや、シモンの兄弟アンデレをはじめさまざまな人がいました。職業的には漁師たちもいましたし、徴税人もいました。政治的には反ローマを掲げる熱心党に属する人もいました。彼らは、律法学者やファリサイ派の人々とは全く逆の人々です。社会のエリートではありませんし、律法の規定を守る人を義人とするなら、それとは正反対の罪人です。

また、彼らは多種多様な人々です。職業も一定していません。思想的にも右から左までいるでしょう。そして、この時は、本人はもちろん誰も分かりませんでしたが、後にイエス様を祭司長たちに引き渡す（パラディドーミ、裏切る）ことになるユダもいました。これは大事なことです。

「こういう人だけしか教会には来てはいけない」となってしまったら、大変なことです。教会にはさまざまな職業の人がおり、さまざまな思想の方がいるのが当然です。しかし、教会員はすべて、イエス様をキリスト（救い主）と信じ、告白する人です、当然、その信仰によって洗礼を受けた人です。その信仰において、教会は一つであること。そのことが大事で、その一致が多様性を生み出し、保証するものです。教会は、この一致をもたらしてくれるものを「福音」と呼びます。この福音を伝えることが教会の使命なのです。だから、十二人は、福音の伝道者になるべく選ばれた人たちです。

彼らは、イエス様と出会い、悔い改めて（方向転換し）イエス様の後に従ってきた人たちです。自分の罪を知り、自分は罪人だと認め、イエス様こそ「救い主」であると信じ、イエス様の後に従って生きていきたいと願っている人々です。その点が、旧《ふる》いイスラエルと決定的に違うのです。彼らは、新しいぶどう酒を入れる新しい革袋になったのです。私たちも、キリストに出会ってキリスト者に、そして新しい革袋になったのです。

山の下の現実

多くの人が、病院に行ったことがあるでしょう。病院には、一体どこから集まったのかと思うほど、多くの病人がいます。病院に行くたび、私は今回の箇所を思い起こします。イエス様の周りには、「ユダヤ全土とエルサレムから、また、ティルスやシドンの海岸地方から」（6・17）多くの人が集まってきました。皆、イエス様の噂を聞き、その言葉を聞きたいと願ったし、病に侵されていた人は癒してもらいたいと思ったのです。

ここに「イエスから力が出て、すべての病気をいやしていたからである」（6・19）とあります。私たちは、普段、自分には力があると思っているものです。それは錯覚に過ぎませんけれど、自分には力があると思っていなければ、何もできません。しかし、一度病気になってしまうと、自分は無力な存在だと分かる。当時は今のような医者も病院もない時代ですから、病気にかかってしまえば人はなすすべもなく死んでしまうこともありました。ですから、病気というものは恐るべきものなのです。私たち人間の力が全く及ばない死は、実は私たちの生と隣り合わせなのです。そして、私たちは死に対しては何もできません。無力です。

人々は「何とかしてイエスに触れようとした」（6・19）とあり、その人々に対して「イエスから力が出て」、あらゆる病気が癒されたとあります。私たちは、潜在的に不安を抱えた存在です。誰もが最後は死ぬのですし、それがいつどのようにして来るかも私たちは知りませんし、知ったところで無力だからです。

「このようなわけで、一人の人によって罪が世に入り、罪によって死が入り込んだように、死はすべての人に及んだのです。すべての人が罪を犯したからです」（ローマ5・12）とあります。イエス様が洗礼を受ける時に祈ったこと、そしてイエス様の受洗は罪人と連帯するためであること、それは罪に対する神の裁きをイエス様が代わりに受けるためであることを言いました。すべての人は、自分でも知らぬ間に神からどんどん離れています。それが聖書で言う罪なのです。そして、その罪の結果が、滅びとしての死です。神と完全に離れた滅びとしての死です。私たちは、その死に対して無力です。そのことのゆえに、私たちは潜在的にいつも孤独な存在です。そのことに、普段は気づかないだけです。しかし、病気に侵される時、自分は全く無力であることを気づかされます。「人が独りでいるのは良くない」（創世記2・18）とあるように、人は孤独では生きていけません。独りでは存在理由も存在意義も出てこないからです。そういう孤独に陥った群衆が、イエス様のところに来て何とかしてイエス様に触れようとしました。罪と死に対して、自分は何もできないことを感じたからでしょう。

そして、イエス様から出て行った「力」(デュナミス)とは、罪に対する神の裁きを罪人の代わりに受け、罪人に死を越えた永遠の命を与える力であり、神が与えた道をイエス様が最後まで歩み通すことによって与えられる力だと思います。それは、祈りなくしてできることではないでしょう。十字架の死と復活の命とは、私たちに永遠の命を与えるものです。

イエス様の弟子とは、イエス様が死を越えた永遠の命を罪人にもたらした救い主(キリスト)であると証しするために選ばれた者のことです。私たちは、そのことを覚えて生きていきたいと思います。

17　神の愛とは（6・20―36）

幸いと不幸

私たちは、誰だって幸いを望んで生きています。誰も不幸になどなりたくはありません。だからこそ、貧しくなりたくはないし、飢えたり泣いたりしたくはありません。人々から憎まれることも、「人の子」に対する信仰のゆえに追い出されたり、ののしられたり、汚名を着せられたくもないのです。

それに対して、私たちが求めている富を持つことは不幸だとイエス様はおっしゃいます。そして、満腹していたり、笑っていたり、すべての人に褒められたりすることは不幸だとおっしゃるのです。なぜでしょうか。私は、前者と後者では視線が全く正反対の方に向かっていると思います。「預言者」と「偽預言者」という言葉にそのことは現れています。「預言者」は視線を天に向け、「偽預言者」は人に向けているのです。「天」とは「神」のことです。だから「天には大きな報いがある」

（6・23）ということで、主イエスは「神はあなたを見ており、その姿に対して大きな報いがある」と伝えているのです。私たちは、人からの報いを求めて生きる者です。人の世の中で幸いになりたいと願い、そのように行動します。しかし、そこに不幸が隠れているのです。

母の胎から外に出た時、人は無意識の内に母を見、母もまたその子を見ると言われます。母とその子の間の人格的関係にとって、互いの目が合うことは大事なのです。「ちゃんと目を見て話しなさい」とも言われます。しかし、私たちは、「母の子」であると同時に、根源的には「神の子」であり、神の被造物です。アダムはエバに手渡されるままに禁断の木の実を食べました。その結果、木の間に隠れているアダムに向かって、神は「あなたはどこにいるのか」とおっしゃいました。また、蛇の言葉に心動かされて禁断の木の実を食べたエバに向かっては、「あなたは何ということをしたのか」と、おっしゃったのです。彼らは、禁断の木の実を食べて以来、裸のままでは互いの前に立てなくなりました。

禁断の木の実を食べるとは、エデンの園の主人になろうとすることです。神との交わりを捨て、自分が神になり、すべてのものを自分のものとすることです。そのことによって、人間は、神に造られた本来の姿を失います。聖書では、そのことを罪と言うのです。その罪によって、人間は幸いを求めつつ、結局、不幸になってしまう。自分が神なので、自分の創造者である神の方を少しも見ないからです。この生き方は、食事の前に甘い飴を食べ、食欲をなくして十分な栄養が摂《と》れない子どもに似ています。子どもにとっては、目の前の飴の方がよいのです。自分で自分を壊しているのです。

人の子

22節には「人の子」とあります。「人の子」とは、イエス様がご自分を指す時の言葉で、背景には「見よ、『人の子』のような者が天の雲に乗り、『日の老いたる者』の前に来て、そのもとに進み、権威、威光、王権を受けた。諸国、諸族、諸言語の民は皆、彼に仕え、彼の支配はとこしえに続き、その統治は滅びることがない」（ダニエル書7・13—14）という預言があるでしょう。人の子が、神の支配（神の国）を完成させるというものです。その「人の子」が、いつか神から遣わされる。それがダニエル書に記されている預言です。

イエス様は、この先で「（あなたは）神からのメシアです」（9・20）という告白を受けて、最初の受難・復活予告をされました。

「人の子は必ず多くの苦しみを受け、長老、祭司長、律法学者たちから排斥されて殺され、三日目に復活することになっている。」（9・22）

神から遣わされた「人の子」が、苦しみを受け、排斥され、殺され、三日目に復活されるところに、神の支配の権威や威光が現れるのです。それは、この世の権威や威光とは全く逆です。イエス様が受けた十字架刑はローマ帝国の極刑でした。つまり、イエス様は死刑にされた犯罪者です。長老、祭司長、律法学者らにしてみれば神を冒瀆《ぼうとく》する宗教犯、ローマ帝国の総督ピラトにしてみれば政治犯に仕立て上げられた者だし、民衆にすれば失敗した革命家のような者かもしれません。いずれも、イエス様が誰であるかを捉えてはいません。そして、弟子たちは皆逃げ去り、イエス様はひとり十字架に付けられました。

しかし、その十字架こそ、神の権威、神の威光を表す人の子の王座なのです。神の権威、威光は、敵を滅ぼす力に現れるのではなく、最大の敵である罪と死の力を打ち破ることにあります。その力から解放され、自由な人はいないのです。

イエス様は十字架に磔《はりつけ》にされ、罵られながら、「父よ、彼らをお赦しください。自分が何をしているのか知らないのです」（23・34）と、祈られました。イエス様は、どんどん罪を深め、自分が何をしているのかを知らない人間を愛し、その罪が赦されるようにと祈りつつ、息を引き取られるのです。それが、イエス様を通して現された神の愛だと思います。神様は、罪人の罪を赦すために、罪など犯したことがなく、神と一体の歩みをしていたイエス様にすべての罪を背負わせて、イエス様を十字架につけ、罪人の罪を裁いたのです。

敵を愛す

イエス様は「しかし、わたしの言葉を聞いているあなたがたに言っておく」（6・27）と、言われました。以下の言葉は、すべての人に対する言葉ではなく、「人の子」としてのイエス様の言葉を聞き、イエス様に従おうと思っている者たちに対する言葉です。その言葉を発するイエス様の地上の歩みは、十字架の死に行き着きました。そこでイエス様は、自分を殺す者たちの罪が赦されるようにと、神に祈りました。彼らは、自分が何をしているか分からないからだと、イエス様は言うのです。私たちは、罪を犯したひとが、そのことを分かって、反省していてもなかなか許すことができません。しかし、イエス様は、「敵を愛し」（6・27、35）、悪口を言う者に「祝福を祈」（6・28）るのです。

イエス様はこうおっしゃいます。

「自分を愛してくれる人を愛したところで、あなたがたにどんな恵みがあろうか。罪人でも、愛してくれる人を愛している。」（6・32）

ここに出てくる罪人とは、神から離れ、神と無関係に生きている人のことですから、いわゆる悪人のことではなく、ごく普通の人のことです。「愛はすべてを奪う」とも言われますが、私たちは結局自分を愛していることがあります。自分が褒められたり、お返しをされたりすることを無意識の内に求めていることがあります。しかし、それは愛でしょうか。

私たちの目は、神に向かっていなければいけません。「いと高き方の子となる」(6・35)ことを目指して、私たちは生きていくのです。「いと高き方は、恩を知らない者にも悪人にも、情け深いから」です。その上で、イエス様はこう言われるのです。

「あなたがたの父が憐れみ深いように、あなたがたも憐れみ深い者となりなさい。」(6・36)

神の「憐れみ深さ」、それは十字架の下でイエス様を罵る敵たちの罪が赦されるように、祝福されるようにと祈るイエス様に現れるのです。

「憐れみ深い」という言葉は、新約聖書ではここととヤコブの手紙5章11節にしか使われない珍しい言葉です。いずれもイエス様の十字架・復活において現れた神の憐れみ深さを表すことばです。神様は、ご自身がこの世に送り給うたイエス・キリストの十字架の死と復活の命を通して、ご自身の権威と威光を表されました。このことを通して、敵を愛することは自分の命を捧げる愛に行き着くことをお示しになりました。敵への愛は、敵を神に向かって生きる新しい命に生かすために、罪と死の力を打ち破る愛なのです。

人は、この愛を与えてくださるイエス・キリストと出会うまで、富んでいても、満腹していても、笑っていても、人から褒められていても、道に迷った迷子であり、不幸なのです。イエス・キリストに出会い、イエス・キリストを内に迎え入れ、愛に向かって歩み出す時、私たちは神と目を合わせることができ、神の被造物になるのです。その時、私たちは本当の幸福を知るのです。

18　言葉を行うとは（6・37―49）

自分の秤

イエス様は、弟子たちに「人を裁くな」「赦しなさい」「与えなさい」（6・37、38）と言われます。これらのことは、私たちにとって耳心地が良い言葉です。でも、実は私たちが最も苦手にしていることです。人を裁かないこと、人を赦すこと、人に与えることは善いことですし、反対する人はいません。でも、実際にそのことを自分でするとなると、できないものです。気がつくと、私たちは人を裁いています。「あの人は罪人だ」と決めつけ、裁いてしまうのです。自分に悪事を働いた人は赦せないものです。そして、人に与えるよりも与えられることを好みます。

ここでは、「決められることがない」「赦される」「与えられる」と受け身形が出てきます。その主語は、明言されません。こういう場合、主語は神であることが暗示されています。それは「与えなさい。そうすれば、あなたがたにも与えられる。押し入れ、揺すり入れ、あふれるほどに量りをよくして、ふところに入れてもらえる。あなたがたは自分の量る秤で量り返されるからである」（6・38）という言葉からも明らかです。

当時、麦などを売買する際に使われる秤は四角い枡でした。その枡で麦をすくい取り、山盛りになった部分を板でそいで一杯分とするのです。しかし、神様は同じ枡を使いつつ、すくった後にその枡を揺すってどんどん麦の密度を濃くしていく。さらに手で押し付けて平らにした後に、溢れるほどの麦をもって山盛りにする。そして、ふところに山盛りの麦をドサッと入れてくださる。同じ秤を使っているのだけれど、人間が量る量の何倍もの量の麦を入れてくださる。神様は、そういう「恵み」（33、34節）を私たちに与えてくださる。イエス様は、そうお語りになっています。

秤が大きくなるわけではなく、神様と私たちとでは量り方が全く違う。神様は私たちを決めつけないし、裁くことによってではなく、赦し、与えることによって私たちを悔い改めに導く。イエス様は、そうおっしゃっているのでしょう。だから、ここでイエス様は私たちに善行を勧めているのではなく、私たちを信仰へと招いているのです。そして、その「信仰」は、神の尽きることのない愛への応答なのです。神は敵である私たちを愛し、神は見返りを期待しないで私たちに与える憐れみ深い方なのです。

イエス様はこう言われます。「宴会を催すときには、むしろ、貧しい人、体の不自由な人、足の不自由な人、目の見えない人を招きなさい。そうすれば、その人たちはお返しができないから、あなたは幸いだ。正しい者たちが復活するとき、あなたは報われる」（14・13―14）。

愛とは、こういうものです。分かるようで分からない表現かと思います。しかし、私たちは自分も見えないくせに、さもすべてが見えるように思い、自分の目には丸太が入っているのに、他人の目のおが屑《くず》が目に付いて、「取らせてください」（6・42）と言ってしまう。愛が全く分かっていないことが多いのです。そのことに全く気付いていない。しかし、神はそういう者が神に向かって新しく生きることができるように、私たちを愛してくださったのです。イエス様の十字架の死と復活は、その愛の表れです。

人の口

イエス様は、こう言われます。「人の口は、心からあふれ出ることを語るのである」（6・45）。本当にそう思います。私たちは政治家の発言の中で、さまざまな差別発言を聞きます。そしていわゆる「謝罪会見」を見ます。そこで彼らは一様に「私の言葉で誤解させることがあったのなら、お詫びします」と言います。言いたいことは、「自分は差別主義者ではない。それは誤解だ」ということです。もっと言えば、「自分は完全無欠な人間だ」ということでしょう。しかし、そうなのでしょうか。政治家に限らず、完全無欠な人などこの世にはいないのではないでしょうか。人から足を踏まれている方は痛みを感じますけれど、人の足を踏んでいる方は気づかないことが多いものです。私も知らずに差別していることが多いと、言わざるを得ません。差別することで、自分に優越感を持たせることだってあります。

言葉の背景にあるものを、きちんと把握しなければいけません。私たちは完全無欠な人間ではありません。私たちは悪い木なのです。だから悪い実を結ぶのです。実が悪かったと思って、他の実を結ばせてみても、幹は前と同じですから、結ぶ実は悪いままです。でも、自分では前の実とは違うから、新しい実は良い実だと思っている。そういうことがよくあります。

私は「頭で分かっていても駄目だ。体で分かっていなければ」としばしば言います。そして、「何を言うかよりも誰が言うか、そしていつ言うかがもっと大事だ」と言います。なぜかと言えば、口で正しいことを言っていたって、その正しいことを実現したいと自ら行動していなければ、誰も一緒にやってはくれないからです。

イエス様は、「しかし、わたしの言葉を聞いているあなたがたに言っておく」(6・27)と言いました。世の中に生きている人一般に言っているのではなく、イエス様の言葉を聞きに来ている人たちに、イエス様は言っているのです。

今回の箇所は、「わたしのもとに来て、わたしの言葉を聞き、それを行う人が皆、どんな人に似ているかを示そう」（6・47）と、おっしゃっているのです。言葉というものは、それが実現していくことによって、その真実さが現れてくるものです。そして、その真実さは、実行において現れるものです。

イエス様は、その教えを口で語っただけではありません。神から言われたことを実行したのです。神は、自分からどんどん離れ去ってしまう罪人を、ご自分に向かって生きる者にするために、ご自身の独り子を世に降し給うたのです。そして、イエス様は罪人と連帯し、罪人の罪を背負い、死ぬほどの悲しみを味わいつつ、ついに十字架刑によって罪に対する神の裁きを受けてくださったのです。だからこそ、神様はイエス様を復活させ給いました。

神様はイエス様を通してご自分の言葉を実現していったのですし、イエス様は神様に裁かれるという悲しみに打ちひしがれながら、最後までその言葉に従ってくださいました。そのことによって、私たちの罪が赦され、神様との間に平和がもたらされたのです。そこに、神様の言葉の「真実」があります。

「あの人は言葉だけだ」とよく言われます。それは、「あの人は言うだけだ。少しも言ったことをやらない」ということでしょう。それは「あの人は不真実な人だ」という意味です。

礼拝で聴く神様の語りかけ、イエス様の語りかけ、そこには神様と一体の交わりをしているイエス様の命がかかっています。そこに神様の真実があるのです。その真実は実行していかねば分かりません。

イエス様の言葉

イエス様はこうおっしゃいます。

「それは、地面を深く掘り下げ、岩の上に土台を置いて家を建てた人に似ている。洪水になって川の水がその家に押し寄せたが、しっかり建ててあったので、揺り動かすことができなかった。」（6・48）

イエス様はその「岩」の上に新しいイスラエルたる「教会」を建てるのです。

イエス様はある時、「それでは、あなたがたはわたしを何者だと言うのか」（9・20）と、弟子たちに問いました。その問いに対して、ペトロが、「（あなたは）神からのメシア（キリスト）です」と告白したのです。イエス様はその告白を聞いて、初めて受難と復活を予告されたのです。教会は、イエス様の十字架の死と復活によって自分の罪が赦されたという福音を信じ、イエス様の後に従って神と人への愛に生きます。そのこと抜きに、地面を深く掘って行くことはできませんし、「岩」に突き当たることもできません。結果として、その「岩」の上に家（教会）を建てることはできないのです。

キリスト者個人も、キリスト者の共同体である教会も、「主よ、主よ」と言うだけで、何ら行動しないことがままあります。私たちは「人を裁くな」「赦しなさい」「与えなさい」というイエス様の言葉に賛成しつつ、実行しないことがよくあるのです。しかし、私たちは神様に愛されて、キリスト者にされたことを忘れてはいけません。誰も完璧な愛を生きることはできません。しかし、信仰によってイエス・キリストを受け入れ、キリストの者として生かされる時、私たちが次第に愛に生きる者に造り替えられていくのです。聖霊において生き給うキリストが、私たちの中にいますからです。

19 イエス様の言葉（7・1—17）

神の言葉

カファルナウムは、イスラエル北部に位置するガリラヤ湖の沿岸にある町です。イエス様は、このガリラヤ地方で活動を開始しました。それは、神から遣わされたキリスト（救い主）として、神の国（支配・秩序）が地上に到来したという福音をユダヤ人に知らせるためです。「ユダヤ人に」とは、「ユダヤ人だけ」という意味ではなく、最初はイスラエル（ヤコブ・神の支配）の民であるユダヤ人に告げ、彼らを通して全世界のすべての人に告げ、すべての人々を神の国に招こうとしていることを表しています。その中心は、会堂における教えです。つまり、「言葉」（ロゴス）です。

イエス様はカファルナウムからナザレに移り、安息日にナザレの会堂に入り、イザヤ書の言葉を読みました。そこで目につくのは、「福音」は「主の霊」（聖霊）が与えられる者が語り、人々に「解放」「自由」「主の恵み」を告げるものだということです。その「福音」を告げるために遣わされるのが「油を注がれた」メシア（キリスト）なのです（4・18—19）。その時、「この聖書の言葉は、今日、あなたがたが耳にしたとき、実現した」（4・21）と、イエス様はおっしゃいました。その一つの意味は、「わたしがそのキリストだ」ということでしょう。

ナザレの会堂にいた人は、当初、イエス様が語られる「恵み深い言葉に驚」（4・22）きました。でも次第に、関心は「言葉」ではなく、目に見える「業」に移ったのです。神はイエス様を通して、この世界に神の国の秩序をもたらそうとしておられるのです。

ルカ福音書には、「言葉」が何度も出てきます。「この聖書の言葉は、今日、あなたがたが耳にしたとき、実現した」（4・21）というイエス様の言葉もあります。5章1節にも、「イエスがゲネサレト湖畔に立っておられると、神の言葉を聞こうとして、群衆がその周りに押し寄せて来た」とあります。イエス様は聖霊を与えられたメシア（キリスト）であり、神はこの方を通して、神の国が地上に到来したという福音を語られるのです。

ひと言おっしゃってください

イエス様は、「わたしの言葉を聞き、それを行う人が皆、どんな人に似ているかを示そう」（6・47）とおっしゃいました。イエス様の言葉は、ただ聞くだけではなく、聞いたら行うものだと言われたのです。そして、7章には「イエスは、民衆にこれらの言葉をすべて話し終えてから」（7・1）カファルナウムに入られたとあります。

そこに百人隊長がいました。彼は、ユダヤ人を支配しているローマ帝国の軍隊の人間です。しかし、彼はユダヤ人の信仰に大いに心惹かれていたのでしょう。私財を投じて会堂を建てたほどです。だからこの百人隊長はその地のユダヤ人から愛されていました。

その百人隊長の部下が、具合が悪くなった。彼はカファルナウムにおけるイエス様の治癒行為を見たか、イエス様の評判を聞いていたのでしょう。だから、使いをやって、具合の悪い部下を癒してくれるように頼んだのです。ユダヤ人の間における彼の評判を聞き、イエス様は百人隊長の方に向かわれました。でも当時、ユダヤ人は異邦人（外国人）の家に行くことはありませんでした。その逆もありませんでした。異邦人は律法を知らず、罪に汚れているとユダヤ人は考えていたからです。

百人隊長は、愛する部下の具合が悪くなって、思わずイエス様に頼って来てもらおうとしたのですが、使いにこう言わせました。

「主よ、御足労には及びません。わたしはあなたを自分の屋根の下にお迎えできるような者ではありません。ですから、わたしの方からお伺いするのさえふさわしくないと思いました。ひと言おっしゃってください。そして、わたしの僕をいやしてください。わたしも権威の下に置かれている者ですが……」（7・6―8）

ここで、百人隊長は、イエス様のことを「主よ」（キュリエ）と呼んでいます。「主」という言葉は人間の「主人」を表す場合もありますけれど、神様を表す時にも使います。ルカ福音書は、イエス様を「主」と呼ぶことがよくあります（5・8など）。つまり、地上に生きるイエス様を神様として信じる告白が「主よ」という呼びかけにはあるのです。

百人隊長はイエス様を「主よ」と呼び、「ひと言おっしゃってください。そして、わたしの僕をいやしてください」（7・7）と言いました。「言葉を発してください。そうすれば、わたしの僕はいやされるでしょう」と言ったのです。彼にとって主の言葉は神の言葉です。絶対なのです。

彼のもとには多くの部下がおり、「行け」と言えば行くし、「来い」と言えば来る。それは、軍隊の中で彼の言葉には「権威」があるからです。それと同じように、イエス様の言葉は神様の言葉として「権威」がある。私たち人間を罪と死の支配から解放し、圧迫から救い出す神の言葉として完全に信頼しているのです。それはつまり、イエス様は神が送ったキリスト（メシア）であると信じているということです。百人隊長の言葉を聞いて、イエス様は「イスラエルの中でさえ、わたしはこれほどの信仰をみたことがない」（7・9）とおっしゃるのです。

起きなさい

異邦人の次に登場するのは、一人息子を失ったやもめです。当時の社会では異邦人とやもめは価値がないと考えられていました。イエス様がナインという町に入られる時、息子の遺体が町の外に運び出される葬列に出くわしたのです。ここにも「主」が使われています。主はこう言われます。

「もう泣かなくともよい」（7・13）

イエス様がこうおっしゃる前に「主はこの母親を見て、憐れに思い」とあります。「憐れに思い」（スプランクニゾマイ、10・33、15・20）という言葉は、基本的に神の愛を表す時に使われ、「腹が痛む」という言葉から出てきたものです。神様の私たちに対する愛は、腹を痛めた我が子に対するようなものなのです。そういう愛をもって、イエス様はやもめに対して「もう泣かなくともよい」とおっしゃったのです。

その上で、イエス様は「主」として「神の国」の現実をおっしゃいました。

「若者よ、あなたに言う。起きなさい」（7・14）

その言葉を受けて、若者は起き上がり、話し始めたとあります。イエス様がもたらす「神の国」の命は、いわゆる肉体の命を越えていることを表していると思います。イエス様はこの先で、イエス様に従うことについて、こうおっしゃいました。

「自分の命を救いたいと思う者は、それを失うが、わたしのために命を失う者は、それを救うのである。」（9・24）

ここに出てくる「命」は肉体的な命ではありませんし、「救い」「失う」も肉体の命が守られる意味ではありません。イエス様に繋がっていることが「救い」なのです。神様は、イエス様を地上に遣わしました。神に見捨てられた人間などいない。すべての人が神様に招かれている。イエス様を救い主（キリスト）と信じる信仰によって、すべての人は罪と死の支配から解放され、新しい命が与えられるという福音が、イエス様の言動を通して表されるためです。若者が話し始めたことを見て、「人々は皆恐れを抱き、神を賛美して、『大預言者が我々の間に現れた』と言い、また、『神はその民を心にかけてくださった』と」（7・16）言いました。私たちは直接、イエス様の業を見ることはできません。しかし、聖書に記された言葉によって、神様は私たちを招いているのです。

20　神の憐れみ（7・18―35）

十字架への道

ルカ福音書には、洗礼者ヨハネとイエス様が一対一で会った場面はありません。そして、既にヨハネはガリラヤ領主のヘロデに捕らえられています（3・20）。ヘロデが自分の兄弟フィリポの妻であったヘロディアを自分の妻にしたことを、律法に照らして批判したからです。ヨハネは相手が誰であろうと、御心に反したことには「否」と言うのです。だから、自分が規則であると自認している権力者にとって、ヨハネは民衆の中に放置しておけない存在でした。

そのヨハネが、牢獄から弟子たちをイエス様のもとに遣わして「来るべき方は、あなたでしょうか。それとも、ほかの方を待たなければなりませんか」（7・19）と尋ねたのです。

ヨハネは「イスラエルの多くの子らをその神である主のもとに立ち帰らせる」（1・16）ために生まれました。彼が誕生した時、彼の父であるザカリアは「主に先立って行き、その道を整え、主の民に罪の赦しによる救いを知らせるからである。これは我らの神の憐れみの心による」（1・76―78）と預言しました。ヨハネは「罪の赦しによる救い」をイスラエルの民に告げ知らせることによって、主の道を整える人物です。

そのヨハネが、今、領主ヘロデに捕らえられ、後に、彼に首をはねられて殺されるのです（9・9）。主イエスも後に捕らえられ、十字架刑にて殺されます。神から遣わされ、神の言葉を語る者は一時《いっとき》人の歓心を呼びますが、結局、殺される。そういう歩みを通して「罪の赦しによる救い」が実現していくのでしょう。ヨハネの二人の使いが来た時、イエス様は癒しの奇跡をしていました。そして、使いにこう言ったのです。

「行って、見聞きしたことをヨハネに伝えなさい。目の見えない人は見え、足の不自由な人は歩き、重い皮膚病を患っている人は清くなり、耳の聞こえない人は聞こえ、死者は生き返り、貧しい人は福音を告げ知らされている。わたしにつまずかない人は幸いである。」（7・22―23）

これは、単なる「癒し」ではありません。この癒し、また死人の生き返りという奇跡が表すものは、福音そのものなのです。その癒しや奇跡の中に「罪の赦しによる救い」をもたらす、神の憐れみがあるのです。

　イエス様は、その宣教の始めに、お育ちになったナザレの会堂でイザヤ書の言葉を引用されました。「主の霊がわたしの上におられる。貧しい人に福音を告げ知らせるために、主がわたしに油を注がれたからである。主がわたしを遣わされたのは、捕らわれている人に解放を、目の見えない人に視力の回復を告げ、圧迫されている人を自由にし、主の恵みの年を告げるためである」(4・18―19)。

　主の霊によって福音を実現するのが、主に油注がれた人(キリスト)の業です。その業をするためにイエス様は来られ、ヨハネの弟子たちにご自分がなさっていることを見せたのです。

　しかし、イエス様がキリストであることは、イエス様のなさっていることを見て「認識」することでしょうか。認識では、誰もが同じ思いに達するはずです。しかし、「イエス様がキリストである」ことを知るとは、そういうことなのでしょうか。

　ここに「わたしにつまずかない人は幸いである」とあります。「つまずき」(スカンダロン)とは現在のスキャンダルの語源となった言葉です。イエス様をキリストと知ることは、人間的な知恵にとってはつまずきに過ぎません。パウロはこう言っています。


　十字架の言葉は、滅んでいく者にとっては愚かなものですが、わたしたち救われる者には神の力です。それは、こう書いてあるからです。
「わたしは知恵ある者の知恵を滅ぼし、
賢い者の賢さを意味のないものにする。」
知恵のある人はどこにいる。学者はどこにいる。この世の論客はどこにいる。神は世の知恵を愚かなものにされたではないか。（Ⅰコリント1・18―20）

イエスがキリストであると知ることは、知恵による認識ではなく、信仰による告白です。ヨハネはここで、イエスこそ罪の赦しによる救いを与えてくださるキリストであると信じてよいかどうかを、弟子を通してイエス様に尋ねたのです。その問いを受けて、イエス様は、ご自分のなさっている業をすべてヨハネの弟子たちに見せ、その通りヨハネに伝えるように命じられました。その業の中に福音をもたらすキリストの姿を見、イエス様をキリストと信じるか否かは、ヨハネに委ねたのです。

何を見に行ったのか

イエス様は「およそ女から生まれた者のうち、ヨハネより偉大な者はいない。しかし、神の国で最も小さな者でも、彼よりは偉大である」（7・28）とおっしゃいました。このイエス様の言葉は、この世を生きている人間と、この世を生きながらもイエス様に従うキリスト者を指す言葉です。
これらの言葉を聞いても、ファリサイ派の人々や律法の専門家たちは自分は罪人であることを認めなかったのです。彼らは、律法の一言一句を守っていました。律法を守っている自分たちを神は愛している、と信じていたのです。でも、彼らは、律法が教えていることは無視しているのです。律法は、私たち人間の罪と、その罪を赦そうとする神の憐れみを教えているからです。そのことを知るには、自分の罪を認めねばなりません。その点で、自分と徴税人は同じである。そのことを認めなくてはいけないのです。しかし、ファリサイ派の人々には、そのことができないのです。結果、彼らは「自分に対する神の御心を拒んだ」（7・30）のです。彼らに限らず、私たちは自分の罪を認めず、自分とあの人は違うと思っているものです。謙遜の裏側にある自分の思いを見なければいけません。

あなたがたは

イエス様は「今の時代の人たちは何にたとえたらよいか」（7・31）と言いました。「今の時代の人たち」とは「今、福音書を読んでいる人」ということでしょう。私たちは、しばしば自分好みのキリストを求めたりします。キリストよりも自分が先に立ち、キリストを自分に従わせようとするのです。教会についても、「自分の思い通りになる教会は良い教会、自分の思い通りにならない教会は悪い教会」と思いがちです。

しかし、キリストも教会も、自分を肯定するために存在するのでしょうか。自分の罪を知らせ、その罪を赦す神様の憐れみを知らせるために存在するのではないでしょうか。

イエス様はこう言われました。


「しかし、知恵の正しさは、それに従うすべての人によって証明される。」(7・35)

私たちはどこで自分の罪を知るのでしょうか。実は、赦されたことを知る時に自分の罪を知るのだと思います。自分の罪を知ること、自分の罪を赦してくださる神の憐れみを知ること。それが「知恵」です。罪人の罪が赦されるために、罪を犯したことがない神の子が十字架に掛かって神の裁きを受けてくださった、そして、私たちに「新しい命」を与えるために復活させられ、今も聖霊によって共に生きてくださるという「十字架の言葉」を礼拝の中で聞くことによってのみ、知恵は与えられます。「礼拝から礼拝」という生活によって、私たちは「信仰から信仰」への生活、イエス様に従って歩む生活を知っていくのです。その中で、自分の罪を知り、その罪を赦して、私たちを新しく生かしてくださる神様の憐れみを知るのです。認識によってではなく、信仰によってです。

郵 便 は が き

料金受取人払郵便

新宿北局承認

8444

差出有効期間
2021年11月30日まで
(切手不要)

1 6 9-8 7 9 0

1 6 2

東京都新宿区西早稲田２丁目
３の１８の４１

日本キリスト教団出版局
愛読者係行

注 文 書

裏面に住所・氏名・電話番号をご記入の上、
日本キリスト教団出版局の書籍のご注文にお使いください。
お近くのキリスト教専門書店からお送りいたします。

ご注文の書名	ご注文冊数
	冊
	冊
	冊
	冊
	冊

ご購読ありがとうございました。今後ますますご要望にお応えする書籍を出版したいと存じますので、アンケートにご協力くださいますようお願いいたします。抽選により、クリスマスに本のプレゼントをいたします。

ご購入の本の題名

ご購入の動機　1　書店で見て　2　人にすすめられて　3　図書目録を見て　4　書評（　　　　）を見て　5　広告（　　　　）を見て

本書についてのご意見、ご感想、その他をお聞かせください。

ご住所　〒

お電話　（　　　）

フリガナ
お名前　（年齢）

（ご職業、所属団体、学校、教会など）

電子メールでの新刊案内を希望する方は、メールアドレスをご記入ください。

図書目録のご希望	定期刊行物の見本ご希望
有　・　無	信徒の友・こころの友・他（　　　　）

このカードの情報は当社およびNCC加盟プロテスタント系出版社のご案内以外には使用いたしません。なお、ご案内がご不要のお客様は下記に◯印をお願いいたします。

・日本キリスト教団出版局からの案内不要
・他のプロテスタント系出版社の案内不要

お買い上げ書店名

市・区・町　　書店

いただいたご感想は、お名前・ご住所を除いて一部紹介させていただく場合がございます。

21　私たちは何を見ているのか（7・36―50）

何を見ているのか

「あなたの『分かった』という言葉を聞いて、あなたが何も分かっていないということがよく分かった」と、妻から言われたことがあります。私はその言葉を聞いて、その言葉の意味が分かったという意味で「分かった」と言いかけ、これを言ったらもっと大変なことになると思って、黙ったことがあります。「自分は何も分かっていない男」であることを認め、「何も分かっていない」とはどういうことであるかを考えなければいけないと思ったとも言えます。

最近観たテレビ番組でも「男性は問題解決能力が求められていると考えるが、女性は共感を求めている」と言われていました。そこからズレていますから、男と女の間にはさまざまな衝突が起こるのでしょう。

「私の話を本当によく聞いてくださった」と感じる時、それは表に出てきた言葉の裏にある思いまで、ちゃんと理解し、共感してもらった時だと思います。頭で分かっただけの理解ではなく、体で分かることが何につけ大事なのだと思います。それは、目に見える現象だけではなく、現象の奥にあるものを見ることができるか否かにかかっていると思います。

「同じ釜の飯を食う」という言葉が親しい関係を示すように、食事を共にすることには特別な意味があります。各自が勝手な時間に食事を摂《と》ったり、仕事をしながら自分の部屋で食事をしたりして、共に食事をしなくなることによって、家庭が崩壊していくことがあります。会堂の中心に聖餐卓があることは、教会の中心には「主の食卓」があることを示し、深い意味があるのです。

当時のユダヤ人は、食事の前後には神への祈りを捧げたと言われます。だから、祈りを共にできない者とは決して食事を共にしませんでした。食事は、礼拝行為の一つなのです。

この場面の直前でイエス様はこう言われました。

「洗礼者ヨハネが来て、パンも食べずぶどう酒も飲まずにいると、あなたがたは、『あれは悪霊に取りつかれている』と言い、人の子が来て、飲み食いすると、『見ろ、大食漢で大酒飲みだ。徴税人や罪人の仲間だ』と言う。しかし、知恵の正しさは、それに従うすべての人によって証明される。」（7・33―35）

イエス様は、食事の場面で「神の国」を説明しているのです。自分たちを支配しているローマ帝国のためにも税金を集め、神の御心に背く罪人の代表であると考えられていた徴税人や、律法の規定など守ってはいられない罪人たちとも、イエス様は喜んで食事をされたのです。彼らを神の国に招くためです。律法の規定を守らせるためではありません。そういうイエス様を見て、「大食漢で大酒飲みだ」と非難する者がいます。徴税人や罪人たちと食事をするという現象の奥にあるものが見えないからです。

今回の箇所では、イエス様はファリサイ派の人に招かれて、食事の席に着かれました。と言っても当時は椅子社会ではありませんから、食事が置かれる布の上に、片ひじをついて横になったということでしょう。

見る

この町には、「一人の罪深い女がいた」（7・37）とあります。それは娼婦のことだと言われます。誰も好きで娼婦になるわけではないと思います。この女性はそれほどまでに追いつめられたということでしょう。しかし、娼婦を利用するのは男です。利用しながら罪人として軽蔑する。そういう構図がここにはあります。彼女は、そういう軽蔑の眼差しを嫌というほど感じています。そして、自分でも自分を許せない思いがあっただろうと思います。

その彼女が、ファリサイ派の人の招待に応えたイエス様が食事の席に着いていることを知ったのです。彼女は、香油が入った石膏《せっこう》の壺を抱え、後ろからイエス様の足もとに近よりました。そして「泣きながらその足を涙でぬらし始め、自分の髪の毛でぬぐい、イエスの足に接吻《せっぷん》して香油を塗った」（7・38）のです。

イエス様を招待した人の固有名詞は、まだ出てきません。目の前で起こっていることを見て、彼は「この人がもし預言者なら、自分に触れている女がだれで、どんな人か分かるはずだ。罪深い女なのに」（7・39）と思いました。彼の中には、イエス様が招待に応えてくださったという喜びと共に、この地域で預言者として有名になりつつあったイエス様を値踏みする思いもありました。それは、この人がイエス様を迎えた時に、足を洗う水を出さず、接吻の挨拶《あいさつ》もせず、頭にオリーブ油を塗らなかったこと（7・44―46）にも現れています。

彼の心の中の思いを知って、イエス様はシモンという名の彼にたとえ話を話されました。

「ある金貸しから、二人の人が金を借りていた。一人は五百デナリオン、もう一人は五十デナリオンである。二人には返す金がなかったので、金貸しは両方の借金を帳消しにしてやった。二人のうち、どちらが多くその金貸しを愛するだろうか。」（7・41―42）

もちろん、シモンは「帳消しにしてもらった額の多い方だと思います」（7・43）と、答えました。イエス様は、その答えに同意した上で、彼女の方を振り向いて、シモンに「この人を見ないか」（7・44）と言われました。ここで使われている「見る」（ブレポー）は、シモンが女とイエス様の間に起こっていることを「見る」（ホラオー）とではまるで違います。シモンは、現象だけを見ているのです。そして、イエス様を値踏みしている。それに対して、イエス様は、この女の姿、行為が何を表しているかを深く読み取っています。

そして、シモンに「だから、言っておく。この人が多くの罪を赦されたことは、わたしに示した愛の大きさで分かる。赦されることの少ない者は、愛することも少ない」（7・47）と言い、「あなたの罪は赦された」（7・48）と女に言われました。主イエスにとって、彼女の行為は、自分の罪と関係するものなのです。罪は、自分と神を分断します。彼女は、好きで罪を犯しているわけではないでしょう。しかし、生きれば生きるほど罪が積み重なってしまう。罪の深さのゆえに、彼女は、イエス様が罪を赦す権威を神から与えられて遣わされたと分かったのでしょう。だからこそイエス様を愛し、イエス様を「キリスト（救い主）」と信じた。その愛と信仰がイエス様には分かった。だからイエス様は、「あなたの信仰があなたを救った。安心して行きなさい」（7・50）と言われたのです。シモンをはじめ、この家に招かれている人々は、イエス様を値踏みするだけで、ここで起こっていることの真相を見ることができないのです。

罪まで赦すこの人は

この家にいる人々は「罪まで赦すこの人は、いったい何者だろう」（7・49）と、考え始めました。今回の箇所に二度出てくる「罪深い女」（ハマルトーロス）は「罪深い人」という意味で徴税人であったザアカイにも使われます。主イエスは悔い改めた彼に向かって、「今日、救いがこの家を訪れた。この人もアブラハムの子なのだから。人の子は、失われたものを捜して救うために来たのである」（19・9―10）と言われました。この時、家の外では、群衆たちが、イエス様が「罪深い男」（19・7）の家を訪ねて食事をしたり、宿にしたりすることに対して不満を言っていました。しかし、そのように言う罪人を救い、神のために生きる者にしてくださるのがイエス様の「救い」であり、そこに「罪の赦し」があります。

また、イエス様の遺体に油を塗りにきた女たちに、天使は「人の子は必ず、罪人の手に渡され、十字架につけられ、三日目に復活することになっている、と言われたではないか」（24・7）と言いました。ここで「罪人」と訳された言葉は、「罪深い女」「罪深い男」と訳された言葉と同じです。イエス様は私たちと神様との交わりを隔てる壁である罪を打ち壊すために神が遣わされたのです。そのためにイエス様が罪人の手に渡され、十字架で神の裁きを受けたのです。神はそのイエス様を復活させられました。そのことを信じること抜きに、私たちに罪の赦しは与えられず、救いは与えられません。

その事実を知り、受け入れるためには信仰が必要です。そして、私たちキリスト者は、どういうわけか、恵みによって信仰を与えられたのです。その信仰によってしか、神様が私たちを救うために何をしてくださったか、その真相が分かることはありません。この女性は、その信仰によって救われたのです。

22　神の家族として生きるために（8・1―21）

神の国・神の言葉・聞く

長い箇所ですが、「神の国」（8・1、10）、「神の言葉」（8・11、21）、そして「聞く」（8・8［2回］、10、12、13、14、15、18、21）という言葉に注目して読んでまいりましょう。

今でこそ、この国でも女性参政権があり、男女雇用機会均等法などの法律によって女性の権利が保障されています。しかし、これらの法が社会全体に浸透しているかと言えば、それはまだまだです。世界を見れば、昔から男性優位社会が継続している国や地域が多いと言わざるを得ません。家庭の中ではいざ知らず、社会の中ではそうなっているのが現実でしょう。

外で女性が男性と話をすること自体考えられない社会の中で、主イエスの周りには女性たちがいる。そのこと自体、革新的と言うより、スキャンダラスなことでした。しかし、イエス様の周りには女性も男性もいるという現実が「神の国」なのです。それは、性の違いによる分断を飛び越えた社会です。

また、イエス様やその一行に奉仕している女性たちは、階級の違いを越えています。マグダラのマリアと「ヘロデの家令クザの妻ヨハナ」がいたと言われます。マリアは、イエス様に「七つの悪霊を追い出していただいた」女性です（8・2）。悪霊とは、人間にはどうすることもできない力を表しています。その悪霊が七つも憑《つ》いていたマリアは「罪人中の罪人」、社会の中で最も低くされた人なのでしょう。それに対して、ヨハナの夫はガリラヤ地方の領主ヘロデの家令クザだったとあります。ヘロデはイエス様の先駆者でもあるヨハネを捕らえたガリラヤの領主です。マグダラのマリアとヨハナでは地上の位では比較になりません。その彼女たちが、今、イエス様とその一行のために「自分の持ち物を出し合って」（8・3）奉仕しているのです。

彼女たちは、それぞれにイエス様に愛されたのだと思います。彼女たちは、その愛にびっくりした。イエス様の愛は、他の男たちの愛とは全然違い、彼女たちも神の被造物である一人の人間として接する愛でした。その愛で愛されつつ、彼女たちは自分自身と出会っていきました。それまで経験したことがない喜びだったことでしょう。その喜びが「神の国」にはあるのです。

神の言葉

長く教会にいるとさまざまな人がいることが分かります。自分の状況が改善されれば教会に来なくなる人もいるし、その逆の人もいます。何十年も教会から離れていたのに礼拝生活を再開する人もいます。もちろん、死ぬまで変わることなく、教会に繋がっている人もいます。

イエス様は、ここで種蒔《ま》く人のたとえを語られます。そして、弟子たちは「神の国の秘密を悟ることが許されている」(8・10)と言われます。言葉とその言葉を発する存在は切っても切れない関係にあると思います。軽い人の言葉は軽いものです。神にして人の言葉は不思議な言葉です。イエス様のたとえは秘密を悟ることができると言われている弟子たちだって分からない、「聞いても理解できない」(8・10)言葉です。「1+1=2」は分かってしまえば明日も分かっていますし、ずっと分かっているでしょう。でも、「神は愛である」という言葉は、今日は分かっていても明日は分からなくなるかもしれない言葉です。「イエス様が救い主(キリスト)である」ことも、いつでも分かっていることではありません。私たちの状況も、また私たち自身も変わるからです。また、イエス様の存在や言葉も固定的なものではないからです。イエス様の言葉が、本当であること、そしてその言葉が実を結ぶ言葉であることは、今は分からないかもしれません。しかし、私たちは「立派な善い心で御言葉を聞き、よく守り、忍耐して」(8・15)いくことで、やがてイエス様の言葉が実を結ぶことを経験します。私たちもイエス様も変化するのです。

当時は今のようなアスファルトの道や、機械で耕された畑などはありません。人間の目には、一面土の地面です。その下に岩があるとは分からないし、後から茨《いばら》が生えてくるなんて知りません。どこが良い地なのか分かりません。でも、種を蒔く。人に踏みつけられても、鳥に持っていかれても。岩のゆえに根が伸びなくても、茨が生えてきておしかぶさってしまっても、また蒔く。かつては鳥に種を持っていかれた道だった人がいつ何時、多くの実をならせる良い地に変わるかもしれませんし、その逆もあります。私たちは誰も固定的な存在ではありません。イエス様は、そういう私たちに神の国に生きるように種を蒔き続けてくださったのです。イエス様が蒔いてくださった神の言葉を聞いて、受け入れ、生きているのが私たちキリスト者です。

神の家族

神の言葉を受け入れたら、その言葉を活かして具体的に生きることが大事です。「宝の持ち腐れ」という言葉があるとおり、宝を与えられても持っているだけでは意味がありません。持っているだけならば、その宝の価値もなくなってしまいます。

19節以下では、恐らくイエス様は家の中にいたのでしょう。そこに母や兄弟たちがやって来たのです。マルコ福音書では、「気が変になっている」（マルコ3・21）とも言われている家の長男を連れ返すためでした。突然、神の国の到来を宣べ伝えるとか言って、それまで家業を継いでいた長男が家を出ていったら、今でも「気が変になった」と思われて当然だと思います。

「神の言葉」を永遠に変わることのない「神の教え」として学ぼうとする限り、私たちはいつまで経ってもイエス様を「自分の救い主」として信じることはできないでしょう。イエス様の肉の家族は、イエス様のことを自分の子、自分の兄として理解したままでした。その理解に対して、イエス様は「わたしの母、わたしの兄弟とは、神の言葉を聞いて行う人たちのことである」（8・21）と言われたのです。

イエス様の言葉は、神の言葉です。それは教えとして学び、理解して終わりというものではありません。イエス様の言葉は「聞いて行う」ものです。具体的には、イエス様の後に従い、イエス様の言葉を聞きつつ行うものです。そのことを通してのみ、自分が神の言葉を完全なかたちでは行えない者であることを知るのです。

イエス様の後には、ガリラヤから従って来た女性たちがいました。イエス様が十字架の上で死なれた後、彼女らは安息日明けに、遺体に香料を塗るために墓に行ったのです。そこで二人の天使たちが、彼女らにこう言いました。

「なぜ、生きておられる方を死者の中に捜すのか。あの方は、ここにはおられない。復活なさったのだ。まだガリラヤにおられたころ、お話しになったことを思い出しなさい。人の子は必ず、罪人の手に渡され、十字架につけられ、三日目に復活することになっている、と言われたではないか。」（24・5—7）

十字架の死の後に復活する。そのことは、以前からイエス様がおっしゃっていたことです。そして、天使たちの言葉を聞いた女性の中に、マグダラのマリアとヨハナがいました（24・10）。彼女たちが知らされたこととは一体なんでしょう。それは罪人の罪を、罪を犯さなかった御子を十字架で裁くことによって赦す愛です。自分は神様にこのように愛されていることを信じて生きる。その命は、ひとたび与えられれば固定的に存在するものではなく、イエス様を迎え入れる信仰に生きる時に、イエス様が私たちの中で働いてくださる命です。この命で生きるところに神の国が現れます。神の言葉を聞いて行うとはそういうことです。私たちも神の国が現れてくるように神の言葉を聞き、行い、神様の家族になりたいと思います。

23　異邦人の救い（8・22―39）

キリスト・イエスに捕らえられている

二千年前に十字架上で死んだ方の死が、なぜ、今日本という国で生きている私たちと関係があるのでしょうか。十字架刑は、イエス様の時代に地中海世界を統治していたローマ帝国の極刑です。十字架刑に処せられた人はたくさんいます。その中で、イエス様の死だけが私たちの罪が神に赦されるための贖《あがな》いの死だ、と私たちは信じています。なぜでしょう。

教会ではイエス様を「イエス・キリスト」と呼びます。イエスという名は救い主が歴史的な存在である面を、キリストという名は救い主が普遍的な存在である面を表しています。その二つが混ざり合っている。救い主の十字架の死は人間の罪の赦しのためであり、イエスは復活して今も生きているキリスト（救い主）であるという信仰を私たちは与えられてしまったのです。これは感謝してもしきれないことです。この信仰によって私たちは救われ、神に向かって生きる者にされたからです。

その点について、パウロはこう言っています。

わたしは、既にそれを得たというわけではなく、既に完全な者となっているわけでもありません。何とかして捕らえようと努めているのです。自分がキリスト・イエスに捕らえられているからです。(フィリピ3・12)

本当にその通りだと思います。私たちは、キリストに捕らえられているからこそ、キリストを追い求め続けます。

今回の箇所には、「いったい、この方はどなたなのだろう。命じれば風も波も従うではないか」(8・25)という弟子たちの言葉があります。イエス様がどなたであるか、この問いは当時から今に至るまで私たちの疑問なのです。

罪深い女に対して、イエス様は「あなたの罪は赦された」(7・48)と言いました。その場にいた人たちは「罪まで赦すこの人は、いったい何者だろう」(7・49)と、考え始めました。その人々の前で、イエス様は「あなたの信仰があなたを救った。安心して行きなさい」(7・50)と言ったのです。ここに出てくる「罪」「赦し」「信仰」が、今回の箇所でも問題になります。この問題を考えることなく、イエス様と私たちの関係を考えることなどできません。

神と自然・教会

「神様は天地を造られた」という信仰は外すことができないものです。天体であろうと何であろうと、自然のものを神として拝まない。これは大事なことです。自然を支配する者は神である。イエス様は神から遣わされた方なのです。弟子たちも私たちも、そのことを忘れることがしばしばあります。しかし、自然は神が造ったということと、個別の自然現象に神が介入すると信じることは別でしょう。各地の天候を神様が決めるわけではなく、私たちが決めるわけでもない。一つ一つの自然現象は神のなさることではなく、まして人間が決定することではありません。

私たちの人生は、港を目指す航路に例えられることがあります。そして、しばしば教会は舟に例えられます。舟と言ってもノアの箱舟のような舟です。帆もなければ、舵もない、オールもない。つまり、自分で方向を決めて、自力で進むことはできない。そのことは神様にお任せする。そういう舟です。

イエス様は、ある時、弟子たちと一緒に舟に乗っていました。そして、「湖の向こう岸に渡ろう」(8・22)とおっしゃった。そこは異邦人の住む所でした。異邦人とは外国人ということですけれど、ユダヤ人にとって、それは国が違うということに止まりませんでした。唯一神教を奉じるユダヤ人にとって、異邦人は神に選ばれなかった民なのです。異邦人の地にはさまざまな偶像があっても、ユダヤ人にしてみればその地は神なき所でした。イエス様は、その地に行くとおっしゃるのです。舟に乗るとほどなくして、イエス様は眠ってしまわれた。その頃、ガリラヤ湖には突風が吹き荒れ、波が逆巻き、舟の中にも入ってきたのです。

この話を、ルカ福音書が書かれた当時のキリスト教会の経験に合わせて考えると、こうなるかもしれません。イエス様は、神がいない地などはないことを表すために向こう岸に行き、その地に住む人にも神の招きを与えようとする。そういう中で、キリスト者たちは動揺し、「先生、先生、おぼれそうです」（8・24）と、イエス様は舟の中で寝てしまって、嵐に対して何もしてくださらない。そういう中で、キリスト者たちは動揺し、「先生、先生、おぼれそうです」（8・24）とイエス様を起こしてしまう。するとイエス様は起き上がって、風と波をお叱りになり静めてしまった。その際、イエス様は、キリスト者たちに向かって「あなたがたの信仰はどこにあるのか」（8・25）と言い、彼らは「いったい、この方はどなたなのだろう。命じれば風も波も従うではないか」と言ったのです。つまり、嵐の中で前進どころか沈みそうになる舟は伝道に難渋する教会の姿なのです。その舟の中でイエス様は寝ておられる。そのことをイエス様は何もしないと見るか、イエス様は私たちと同じ舟に乗り安心しきっておられると見るかで解釈が分かれるでしょう。

弟子たちは何もしないと見たのです。そういう弟子たち、つまり、今のキリスト者たちの不信仰を嘆きつつ、イエス様は風や波を静められたのです。人間には全く不可能なことをしながら神の御業をなさっていくイエス様の姿に「恐れ驚いて」（8・25）同じ舟に乗っているのが、私たちキリスト者かもしれません。

実は死んでいる

ヨハネの黙示録にこういう言葉があります。

「あなたが生きているとは名ばかりで、実は死んでいる」（黙示録3・1）。確かにそうだと思います。でも「生きたい」と願っているのです。ガリラヤ湖の向こう岸にいた男の姿に共感しつつ思います。彼は悪霊に取りつかれ、裸で墓場に住んでいました。しかし、イエス様の姿を見て、他の人とは違う何かを感じたのでしょう。彼はイエス様の前に出て行きました。イエス様は即座に彼にとりついている悪霊に、「男から出るよう」（8・29）に命じられました。この男は、「いと高き神の子イエス、かまわないでくれ。頼むから苦しめないでほしい」（8・28）と言いつつ、イエス様の前に出てくるのです。弟子たちは「先生」と呼ぶのに、イエス様にかまって欲しくない異邦人、墓場に住む男は「神の子イエス」と言いつつひれ伏しました。

イエス様は彼に入っていた悪霊を豚の大群の中に追い出しました。男はゲラサの地を後にするイエス様に「お供したい」（8・38）と願いました。しかし、イエス様は「自分の家に帰りなさい。そして、神があなたになさったことをことごとく話して聞かせなさい」（8・39）と言われた。その言葉を聞いて、彼は立ち去り自分の町で、「イエスが自分にしてくださったことをことごとく町中に言い広めた」のです。

イエス様は「神があなたになさったこと」と言い、彼はそれを「イエスが自分にしてくださったこと」と言います。神なき所の異邦の地にイエス様は行き、その地の墓場に裸で住み、悪霊に取りつかれ、神に見捨てられた異邦人が、イエス様に「いと高き神の子イエス、かまわないでくれ」（8・28）と言いつつ近づき、ひれ伏すのです。そのようにして、彼は「救われ」（8・36）、名ばかりの生ではなく、神に向かって生きる者に造り替えられていくのです。イエス様と出会い、イエス様は神であることが信仰によって分かる時、人と神を分断している罪が神に赦され、誰でも神に向かって生きる人間にされるのです。そして、キリストによって結ばれた新しい契約は、その救いが異邦人の地にもたらされ、異邦人も救いへと招かれていることを表しているのです。

24　イエス様と出会うとは（8・40―56）

神の国の現実

今は耳にしなくなりましたけれど、一九五六年生まれの私が小学生の頃、大人の男は「戦後強くなったのは、ストッキングと女だ」と言ったものです。この場合の「戦争」とは、一九四五年に終わったアジア・太平洋戦争のことです。戦前は女性には選挙権がなく、「政治は男のもの」が当たり前でした。今でも議員の数は圧倒的に男性が多いです。戦後になって、いわゆる「社会」で働く女性は増えています。しかし、この国でもさまざまな意味で男女平等社会の実現には程遠いのが現実です。「女は家で家事をしていろ！」という風潮がまだまだ強いのです。もう二十一世紀なのに、です。

今から二千年前、イエス様の時代のユダヤ人社会における女性の地位は低いものでした。この国でも「女、子ども」という言い方がありますけれど、当時のユダヤ人社会の女性も一人前の人間として見られてはいませんでした。その上に、病気は罪に対する神の罰と見られていました。当時死は神に見捨てられたしるしで、死体に触れることは基本的に汚れたことでした。

この箇所は、ヤイロの娘の復活の話が、出血が十二年間も止まらない病にかかった女性の癒しの話を囲む形になっています。いずれも女性が登場します。汚れた病の癒しや死からの復活を通じて、信仰と救いについて語る点も共通しています。

この話の直前は異邦人の地における話ですし、その前はガリラヤ湖の突風や高波をイエス様が静めるという話です。イエス様の語る言葉、なさる業、その存在、すべてが「神の国」の現実を表すものなのです。8章の最初も女性たちが登場しますが、そこに「イエスは神の国を宣べ伝え、その福音を告げ知らせながら、町や村を巡って旅を続けられた」(8・1)とあります。そして、9章には、イエス様が十二弟子を派遣する時、「イエスは十二人を呼び集め、あらゆる悪霊に打ち勝ち、病気をいやす力と権能をお授けになった。そして、神の国を宣べ伝え、病人をいやすために遣わすにあたり」(9・1)とあります。神のいない所はなく、神様が見捨てている人はいない、神の力が及ばない領域はない。神様にとって、男も女も、ユダヤ人も異邦人も、愛する被造物であり、神様はすべての人を神の国(神の支配)に招いている。イエス様は、そのことを現しておられると思います。その招きに応えるために必要なことは、知識ではなく信仰です。私たちは信仰をもって神の国に生かされる時、救いにあずかるのです。

わたしに触れたのは誰か

前述しました通り、今回の箇所は、ヤイロの娘の話が十二年間も出血が止まらなかった女性の話を挟みこむ形になっています。当時の人々にとって、彼女たちは汚れた存在であり、神に見捨てられた存在です。触れるだけで、汚れがうつるとされていた存在です。

イエス様は、ゲラサの地から舟で帰って来ました。人々は皆、イエス様が帰って来られることを待ち望んでいたのです。その中に会堂長のヤイロという人がいました。当時の町には人々が集まる「会堂」と呼ばれる建物があり、そこで人々は礼拝を捧げ、さまざまな集会をし、裁判もしました。会堂長とは、その会堂の責任者で身分の高い人です。しかし、そのヤイロがイエス様の前に出てきて、公衆の面前で、その足元にひれ伏し、自分の家に来てくれるように願ったのです。十二歳くらいの彼の娘が、何らかの病気になって死にそうだからです。時は一刻を争います。

イエス様は、ヤイロの願いを聞き入れて、彼の家に向かいました。そこに十二年間も出血が止まらず、さまざまな医者にかかったけれど、お金を使い果たしただけで結局治らなかった女が近づいてきました。当時のユダヤ人の服には、彼らが律法を忘れないために、四隅に房が付いていました（民数記15・38など）。だから女は、背後からイエス様に近づき、最後はひれ伏してイエス様の衣の房に触ったのでしょう。それは、イエス様の周りにいた群衆に気づかれないように、そして、イエス様にも気づかれぬようにしたということでしょう。彼女は汚れた存在と見られ、自分でもそう思っていたでしょうから、当然のことだったかもしれません。しかし、それだけ気を使いながらも、この女はイエス様に触れたかったのです。それは、イエス様の力によって癒していただきたいと彼女が願ったからでしょう。事実、出血はイエス様の衣の房に触った直後に止まったのです。誰も気づかぬうちに。

しかし、イエス様は立ち止まり「わたしに触れたのはだれか」(8・45)と言われました。一刻を争うヤイロにしてみれば、気が気でなかったでしょう。弟子たちは、大勢の群衆が押し合っているのだから、誰がイエス様に触ったかを特定することなどできないと、当然のことを言いました。でも、イエス様は「だれかがわたしに触れた。わたしから力が出て行ったのを感じたのだ」(8・46)と言われました。その言葉を聞いて「女は隠しきれないと知って、震えながら進み出てひれ伏し、触れた理由とたちまちいやされた次第とを皆の前で話した」(8・47)のです。「話した」とは、「報告した」ということです。彼女は「震えながら進み出てひれ伏し」つつイエス様の前に出ていきました。病が癒された喜びと共に、とりかえしのつかないことをしたという恐れが、女性を支配していたことでしょう。だからこそ震えていたのだと思います。彼女は、イエス様こそ、自分が汚れた者、男に比べて一段低い人間としてではなく、神に造られ、神に招かれていることを知らせてくれる唯一無二の存在であると知ったのだと思います。

だから、イエス様は「娘よ、あなたの信仰があなたを救った。安心して行きなさい」(8・48)と言われたのでしょう。

起きなさい

その時です。ヤイロの家の者が来て、ヤイロの娘の死を告げました。そして、「この上、先生を煩わすことはありません」(8・49)と言いました。イエス様は、その言葉を聞いて「恐れることはない。ただ信じなさい。そうすれば、娘は救われる」(8・50)と、ヤイロに言ったのです。そして、ヤイロの家に着くと、娘の両親とペトロ、ヨハネ、ヤコブの弟子だけを連れて家に入ろうとしました。人々は娘の死という現実を前にして「泣き悲しんで」いました。その時、イエス様は「泣くな。死んだのではない。眠っているのだ」(8・52)と言いました。そして、娘の手を取り「娘よ、起きなさい」(8・54)と呼びかけられたのです。すると娘はすぐ起き上がったというのです。

「起きる」と訳されている言葉(エゲイロー)は別の箇所では「復活する」とも訳されています(たとえば24・6「復活なさった」)。

ここを読んで思い起こすのは、9章のイエス様の言葉です。その直前で弟子のペトロが「(あなたは）神からのメシア（キリスト）です」と言いました。その言葉を受けて、イエス様はこうおっしゃいました。

「人の子は必ず多くの苦しみを受け、長老、祭司長、律法学者たちから排斥されて殺され、三日目に復活することになっている。」（9・22）

「自分の命を救いたいと思う者は、それを失うが、わたしのために命を失う者は、それを救うのである。」（9・24）

このイエス様に結ばれて地上を生きる時、肉体の命の中に、既に復活のイエス様の命が入っているのです。そして、イエス様に結ばれて生きるために必要なのは、キリスト教の知識ではなく、イエス・キリストに対する信仰です。この信仰が与えられ、この信仰に生かされる時、私たちは救われるのです。十二年間も出血で苦しんだ女性、そして新しい命を与えられたヤイロの娘は、この信仰によってイエス様に結びつき、救われたのです。

その点につき、パウロはこう言っています。この御言葉が、今回の最後の言葉にふさわしいでしょう。

十字架の言葉は、滅んでいく者にとっては愚かなものですが、わたしたち救われる者には神の力です。それは、こう書いてあるからです。

「わたしは知恵ある者の知恵を滅ぼし、
賢い者の賢さを意味のないものにする。」（Ｉコリント１・18―19）

25　私たちは何によって生きるのか（9・1—17）

神の国

聖書は、「イエスはキリスト（メシア）だ」と宣言し、「キリスト」とはどういう意味なのかを告げます。イエスがキリストであることは誰にでも理解できる「正解」ではありません。大体、正解なんてものはないのです。イエスがどういう意味でキリストであるのかは、イエスがキリストになるために神の御心に従い続けたように、全身全霊をかけてイエス様に従おうとすることを通して、分かってくることでしょう。従おうとしなければ、自分は従い得ないことを経験することはありませんし、そういう人間を救うために、イエスは十字架で裁かれ復活させられたことも分かりません。「分かる」とか「知る」も、昨日「分かった」からと言って、今日も「分かっている」ことではありません。日々従おうとすることによって、いつも新たに知らされることなのでしょう。

ルカ福音書も、「イエスはキリストである」ことを、「神の国」（神の支配）との関連で言わんとしています。8章において、イエス様は「神の国」を宣べ伝え、「その福音を告げ知らせ」（8・1）ながら、ガリラヤ地方の各地をまわったとあります。そこには一人前の人間として扱われていなかった女性たちがおり、肉の家族を越えた神の家族がありました。そして、自然の力にも優るイエス様の力があり、異邦人にも神の愛をお示しになりました。さらに「汚れた」とされていた病人の女性を癒し、死んでしまった十二歳のヤイロの娘を復活させられたのです。そこに信仰と救いが強調されていました。女性も異邦人も、病人も死人さえも神に捨てられてはいない。神は、生死を越えた神の国に生きるようにすべての人を招かれている。その事実を、独り子であるイエス・キリストを遣わすことによって、神はこの世に広めておられます。

そして、イエス様は、十二人の弟子たちに「あらゆる悪霊に打ち勝ち、病気をいやす力と権能をお授けになった。そして、神の国を宣べ伝え、病人をいやす」（9・1―2）ために遣わしました。その際、彼らにこう言っています。

「旅には何も持って行ってはならない。杖も袋もパンも金も持ってはならない。下着も二枚は持ってはならない。どこかの家に入ったら、そこにとどまって、その家から旅立ちなさい。だれもあなたがたを迎え入れないなら、その町を出ていくとき、彼らへの証しとして足についた埃《ほこり》を払い落としなさい。」(9・3—5)

「神の国」を表す時、一切の人間の力に頼ってはいけないと、イエス様は言われたのです。また、待遇が良い所を自分で選んではいけない。すべて与えられたものを、感謝して受け取りなさいと言われました。そして、「神の国」が到来したという福音をその町の人が受け入れないなら、その責任は宣べ伝える者にはない、と言われるのです。神を信じ、神のために働くならば、部分的にではなく、全身全霊をかけて「神の国が来た」という喜びの知らせを証しすべきなのです。そのことによって、「神の国」は表されるのだと思います。

最近、私は「何を言うかは大事なことだ。しかし、もっと大事なことは誰が言うかだ」とよく言います。「正しいことを言うのは当たり前だ。しかし、正しいことを言っていればよいのではなく、自分が必死になって正しいことをやっている姿が説得力を持つのだ。言うだけで、何もしない人の言葉は誰も聞かなくなる」と、自戒を込めてそう言います。人は言葉だけを聞いているのではありません。誰が語っているのかを見ているのです。

そういう言葉を受けて十二人は派遣され、「至るところで福音を告げ知らせ、病気をいやした」

（9・6）のです。

いったい、何者だろう

ガリラヤの領主ヘロデは、イエス様の噂を以前から聞いていました。権力者は、民衆の声を気にするものです。特に、自分の支配を大っぴらに批判する者を放置しておくことはできません。ヘロデにとって、洗礼者ヨハネはそういう存在でした。ヨハネは、ヘロデが兄弟フィリポの妻であるヘロディアを奪い、自分の妻にしたことは律法に背くことだと公然と批判したのです。それゆえ、彼はヨハネを捕らえ、牢に閉じ込め、結局、首をはねました。イエスはそういうヨハネの生き返りだと言う人々がいたのです。また、かつての大預言者「エリヤが現れたのだ」（9・8）と言う者もおり、「だれか昔の預言者が生き返ったのだ」（同）と言う者もいました。これらの評判が後のペトロの「キリスト告白」になっていきます。皆、イエスは誰なのかを考えているのです。

ただ者ではない。単なる人ではない。神に選ばれた人である。しかし、神は彼を何のために選んだのか？　それが分からない。当時の人々も、イエス様が誰であるかは分かりませんでした。イエス様の語る言葉や、なさる業を見て、ただ者ではないとは分かる。しかし、それ以上のことは分からない。無理もありません。イエス様が誰であるかは、イエス様の言動を他人事のように見ることでは分からないからです。

ヘロデは、イエス様の噂を聞きながら、「ヨハネなら、わたしが首をはねた。いったい、何者だろう。耳に入ってくるこんなうわさの主は」と思い、「イエスに会ってみたいと思った」(9・9)のです。直訳すれば、「彼を見ることを願った」です。その願いは、後に叶うことになります。彼は、ローマ帝国の総督ピラトから送られてきたイエス様に会い、さまざまな質問をしました。でも、イエス様は沈黙し、何もおっしゃらなかったのです。興味本位な質問に対して、何か言っても意味がないからです。イエス様に対して関心を持っているという点で、ヘロデとピラトはよく似ているのです(23・12)。そして、結局、民衆にしろ祭司長たちにしろ、弟子たちにしろ、目に見える立場は違っても、根っこの所では同じであることが明らかになっていきます。彼らは、皆、人間なのです。イエス様は人間でありつつ、神である。そういう方です。そんな方は他にいません。だから、「いったい何者だろう」という問いは、ヘロデだけのものではなく、私たちのものでもあります。

人はパンだけで生きる者ではない

弟子たちが神の国を宣教してイエス様の所に帰ってきました。彼らは、イエス様に各地のことを報告したでしょう。そして、イエス様は彼らを連れてベトサイダという町に向かわれたのです。恐らく休息の目的もあったと思います。でも群衆はイエス様について行きました。そこでもイエス様は、神の国について語り、病気の癒しをしていました。そうこうしている内に夕方になったのです。十二弟子たちは、群衆を解散させてくださいと、イエス様に頼みました。群衆の夕食のことを考えれば当然のことです。でも、イエス様はこうおっしゃいました。

「あなたがたが彼らに食べ物を与えなさい。」(9・13)

それに対して、彼らはこう言いました。

「わたしたちにはパン五つと魚二匹しかありません」(同)

結局、男性だけで五千人という大群衆をイエス様は食べさせ、残ったパン屑《くず》を弟子たちが集めると「十二籠《かご》」あったということです。9章では四回も「十二」が出てきます。それは、ヤコブの十二人の子ども、イスラエルの十二部族、イエス様の十二弟子を連想させるものです。そして、それはキリスト教会の根幹を表す言葉です。だからこの業は、神の国の原型であるべき教会の業なのです。

旧約聖書にはこういう言葉があります。

今日、わたしが命じる戒めをすべて忠実に守りなさい。……こうして主はあなたを苦しめて試し、あなたの心にあること、すなわち御自分の戒めを守るかどうかを知ろうとされた。主はあなたを苦しめ、飢えさせ、あなたも先祖も味わったことのないマナを食べさせられた。人はパンだけで生きるのではなく、人は主の口から出るすべての言葉によって生きることをあなたに知らせるためであった。(申命記8・1—3)

教会の使命は、人間は何によって生きるのかを世に証しすることです。私たち自身が、主の言葉によって生かされていなくて、どうしてその使命を果たすことができるでしょうか。教会の中心は、イエス様の体を食べ、イエス様の血を飲むことです、イエス様の命を信仰をもって受け入れ、イエス様の言葉に従う時、私たちはイエス様がキリスト(救い主)であることを知るのです。そういう私たちを通して、キリスト(救い主)としてのイエス様が現れるのだと思います。

26　否定が肯定に繫がる（9・18―27）

神からのメシア

9章冒頭にはこうあります。

イエスは十二人を呼び集め、あらゆる悪霊に打ち勝ち、病気をいやす力と権能をお授けになった。そして、神の国を宣べ伝え、病人をいやすために遣わすにあたり……（9・1―2）

イスラエルは元来十二部族からなる信仰共同体でした。イエス様は、新しいイスラエルたるべき十二弟子を呼び集めて、派遣したのです。その際、何も持たないように言いました。「イエスがいらしたことによって、神の国が到来した」という「福音を告げ知らせ」（9・6）るために派遣したからです。病気の癒しとか悪霊追放は、説教と並んで神の国が到来したという福音の一つのしるしでした。

彼らのことを聞いた領主ヘロデは、イエスとは「いったい、何者だろう」(9・9)といぶかしく思いました。と言うのは、ヘロデが首をはねた洗礼者ヨハネが「死者の中から生き返った」(9・7)のがイエス様だと言う人々もいたからです。他にもメシア到来の前に来ると言われていた預言者「エリヤが現れたのだ」(9・8)と言ったり、「昔の預言者が生き返ったのだ」(同)と言っていた人もいました。

その後、イエス様は、弟子たちが持っていた五つのパンと二匹の魚を手に取り、「天を仰いで、それらのために賛美の祈りを唱え、裂いて弟子たちに渡しては群衆に配らせた」(9・16)のです。そこには、男性だけで五千人もの大群衆がいました。彼らは皆満腹して、残ったパン屑《くず》は「十二籠《かご》」ありました。このことも、教会の聖餐式の原型の一つに考えられています。イエス様は神の国の現実を弟子たちに経験させながら、ご自身が誰であるかを彼らに知らせているのです。

それらのことの後、イエス様はひとりで祈っておられました。ルカ福音書は、イエス様がひとりで祈っておられたことを何度も書いています(5・16、6・12など)。今回の箇所では、イエス様は祈られた後に弟子たちの思いを聞きます。その上で、ご自分が殺されること、そして三日目に復活させられることを初めて預言されるのです。

預言に当たって、共にいる弟子たちにイエス様はこう問いました。

「群衆は、わたしのことを何者だと言っているか」（9・18）

弟子たちは、こう答えました。

「『洗礼者ヨハネだ』と言っています。ほかに、『エリヤだ』と言う人も、『だれか昔の預言者が生き返ったのだ』と言う人もいます。」（9・19）

誰も彼もイエス様とは「いったい何者だ」と思っているのです。

イエス様は、こうおっしゃいました。

「それでは、あなたがたはわたしを何者だと言うのか。」（9・20）

その問いに対して、ペトロはこう答えました。

「神からのメシアです。」(同)

「あなたがたはわたしを何者だと言うのか」。この問いは、二千年前にペトロという人に問われただけではありません。今の教会に生きる私たちに対する問いです。それもいつも新たな問いです。教会は、イエス様に向けて、日々新たに「神からのメシアです」と告白する信仰共同体だからです。この告白がないのであれば、神が支配する教会ではなく人間が集まる集団に過ぎません。イエス様は弟子たちを教会に生きる者、つまり、神の国に生きる者にするために「あなたがたはわたしを何者だと言うのか」と問われているのです。ペトロは、その問いに「神からのメシアです」と答えました。洗礼者ヨハネでもエリヤでも昔の預言者の生まれ変わりでもない、神が地上に遣わしたメシア（キリスト）がここにいる、とペトロは弟子として告白したのです。これは教会の告白です。

必ず多くの苦しみを受け

その言葉を受け、イエス様は弟子たちに口止めをした上で、ご自分はどういう意味で「キリスト」なのかを告げました。

「人の子は必ず多くの苦しみを受け、長老、祭司長、律法学者たちから排斥されて殺され、三日目に復活することになっている。」（９・22）

「なっている」は原文ではデイです。「神様の意志で決まっている」ということです。イエス様がユダヤ人の指導者たちから「排斥されて殺され、三日目に復活する」ことは、神様の意志であり、イエス様はその意志に従う。そこに神が地上に遣わしたキリストの姿があるということです。

しかし、神が遣わしたキリストが、この世の指導者たちに排斥された上に殺されるのは、なぜでしょうか。それは、この世の指導者（支配者）たちにとって、イエス様は危険人物だからです。そして、イエス様が弟子たちを通して広めようとしている「神の国」は、この世においては排除されるのです。この世は、人による支配で成り立っている世界だからです。人は神を排斥し、無き者にしようとしますし、神の支配ではなく、自分の支配を作りたがるものです。それは、指導者に限られた特質ではありません。人間の特質です。だから、神にキリストとして派遣され、弟子たちを通して神の支配（国）を広めようとするイエス様を、人間は排斥するのです。

でも、そのことを分かっていたのはイエス様だけです。そのイエス様はこう言われます。

「わたしについて来たい者は、自分を捨て、日々、自分の十字架を背負って、わたしに従いなさい。自分の命を救いたいと思う者は、それを失うが、わたしのために命を失う者は、それを救うのである。」（9・23―24）

自分の十字架を背負うことは自分を捨てることです。よく言われることですけれども、突然重病にかかったことや、災害にあったことなどを「十字架を背負わされた」と言ったりします。でも、苦難と十字架は違うでしょう。イエス様は病や災害によって苦難を受け、死んだわけではありません。そうではなくて、愛せない相手を愛し、赦せない相手を赦し、その愛と赦しに生きるようにと人に勧めることによって排斥され、ついに殺されたのです。しかし、そのことを通して、愛と赦しを貫かれた。それが神の意志（デイ）だったからです。神の国の現実は愛と赦しです。イエス様にとっても、神の国の現実を生きることは「苦しみもだえ」（22・44）ることでした。それは完全な自己否定でありつつ、完全な自己肯定に至る道でした。イエス様がキリストになる道は、ここにしかないからです。神様は、イエス様にキリストになってほしいのです。そのイエス様に従う者は、自分を捨てなければいけません。それが、私たちが背負うべき十字架です。しかし、自分の十字架を背負うこと、それが私たちにはなかなかできないのです。私たちは、目先の損得で自分の進むべき道を選んでしまうからです。そのようにして、私たちは自分を肯定しているようで、実は否定してしまうのです。

イエス様の勝利

「神からのメシア（キリスト）です」と言ったペトロは、イエス様がユダヤ人の指導者たちから死刑判決を受ける時、「わたしはあの人を知らない」（22・57）と言ってしまいました。自分ではなく、イエス様を否定した（捨てた）のです。イエス様は彼がそうすることをご存じの上で、彼を愛し続けました。ペトロにはイエス様の愛が必要であることが分かっていたからです。弟子たちに裏切られる直前、イエス様はこうおっしゃいました。

「シモン、シモン、サタンはあなたがたを、小麦のようにふるいにかけることを神に願って聞き入れられた。しかし、わたしはあなたのために、信仰が無くならないように祈った。だから、あなたは立ち直ったら、兄弟たちを力づけてやりなさい。」（22・31―32）

イエス様を完全に否定し、逃げ去ることで、自分の命を救ったかのように見えるペトロは、そうすることによって自分自身を失ってしまったのです。そのことを知った彼は泣き崩れるしかありませんでした。しかし、イエス様は復活させられて、彼をはじめ弟子たちに会い、彼らの罪が十字架でイエス様が死刑にされることで赦されたことを告げ、神との間に平和が確立されたことを宣言されたのです。ここに、イエス様の愛と赦しの勝利があります。そのことによって、イエス様はキリスト（メシア・救い主）にされたのです。

27　「わたしの愛する子」とは（9・28―45）

一つの頂きに向かって

ルカ福音書の9章は、この福音書の頂きの一つです。今回は、9章の特色を把握するために、9章の文脈を見ておきたいと思います。

冒頭で、イエス様は十二人の弟子たちを呼び集めて、彼らを各地に派遣されました（9・1―6）。それは神の国の現実を広めるためです。当時、病気の癒しや悪霊追放などは、神に見捨てられた人は一人もいないことを示す「神の国」の一つの現実でした。弟子たちは身体一つで派遣されることを通して、イエス様が自分と共に生きている現実を知ったでしょう。

次の場面は、主イエスが何者であるかに困惑するヘロデの姿です。そして弟子たちが持っていた五つのパンと二匹の魚を、男性だけで五千人いたという群衆に、弟子たちの手で与え、残ったパン屑《くず》を籠《かご》に集めたら十二籠になったという奇跡の話が続きます（9・10―17）。これも神の国の現実を暗示することでしょう。神の国の現実は、十二弟子を通して分かち合うべきものなのです。そして、この出来事は、教会の礼拝における聖餐式の原型の一つにもなりました。

その出来事の後、イエス様は山で祈られました。そして、「群衆は、わたしのことを何者だと言っているか」(9・18)と弟子たちに尋ねたのです。人々は、イエス様について、洗礼者ヨハネが生き返ったのだとか、エリヤだとか、昔の預言者の再来だとか言っていました。そのことを聞いた上で、イエス様は弟子たちに「それでは、あなたがたはわたしを何者だと言うのか」(9・20)とお尋ねになりました。この問いは、教会において、絶えず新たに問われることです。この問いにどう応えるかで、私たちは自分が何者であるかを表明します。

ペトロは、「神からのメシアです」と応えました。この応えが何を意味するかは、すべてが今分かるわけではありません。でも、彼は群衆とは違い、イエス様は単なる偉大な人間ではなく、神が派遣した存在であることを感知したのです。これは確かなことです。

彼の応えを聞いて、キリスト(メシア)は、社会に排斥され、結局、犯罪者として死刑にされる。そして、「三日目に復活することになっている」(9・22)と言われました。それは、イエス様の意志ではなく、神様の意志です。しかし、神様の意志に従うことがイエス様の意志なのです。

そのキリストに従う者は、「自分を捨て、日々、自分の十字架を背負って」(9・23)従う時に、肉体の命の中に、受難と復活を経たイエス様に結びつく命を得るのだと、おっしゃいました。イエス様はご自身の十字架の死と復活を通して、神の国に生きる永遠の命を私たちに与えようとしてくださっているのです。今回読む箇所は、その続きです。イエス様は誰であるか、神様がイエス様を通して地上にもたらしている神の国とはどういうものであるかが8章までの内容であり、9章からイエス様は神であることが明らかになり始めたのです。イエス様の奇跡が神の国の内実を表していることが次第に明らかになっていくのです。でも、弟子たちはまだそのことを理解していません。

山の上で

「この話をしてから八日」（9・28）は、週の初めの日、日曜日のことでしょう。キリスト教会では日曜日に礼拝することになっていきました。この日に、神様がイエス様を復活させたからです。そして、復活したイエス様は、イエス様を捨てて逃げ去った弟子たちと会い、彼らに神様との間に「平和があるように」（24・36）と言われたのです。つまり、「あなたがたと神を分断していた罪が赦された。私が神の裁きを受けたことによって、あなたがたは神に向かって歩めるようになったのだ。あなたがたと神との間に平和が築かれた」と言われたのです。この平和は、イエス様の十字架の死と復活によってのみ築かれるのです。ご自分が十字架にかかり復活させられたという意味で、イエス様と他の者たちの見た目は同じでも、本質はまるで違うのです。イエス様は「神からのキリスト」だからです。キリストが山で祈る時、ペトロ、ヨハネ、ヤコブという三人の弟子を連れていきました。その山の中で、イエス様の「服は真っ白に輝いた」(9・29、山上の変容)。そこに旧約聖書を代表する預言者であるモーセとエリヤが「栄光に包まれて現れ、イエスがエルサレムで遂げようとしておられる最期について話していた」(9・31)のです。それは十字架の死のことです。罪人なる人間が悔い改めて、神に向かって生きるために、イエス様が犯罪者として死刑にされなければならない。それは、イエス様にとって大変なことでした。その意味は、弟子を含めて誰も分かっていないのです。

ペトロは、モーセ、エリヤ、イエス様のために三つの小屋を建てようと言いました。彼は、自分が何を言っているのか、分からなかったのです(9・33)。少なくとも彼の心の中には、この三者を並列し、固定化したいという思いがあったでしょう。しかし、イエス様はモーセやエリヤとは違います。

私たち人間は、イエス様を理解可能なものにしたり、普段の生活とは別世界の高いところに閉じ込めたりしようとします。ペトロの言葉には、そういう思いが見て取れます。私たちは自分好みのイエス様を作りたがります。自分を助けるために出てきてほしく、そうでない時は出てきてほしくないものです。しかし、イエス様はそういう方ではありません。

その時、雲が彼らを包みました。雲は神の臨在のしるしです。その中から、こういう声がしました。

「これはわたしの子、選ばれた者。これに聞け」（9・35）

その時、イエス様だけしかそこにはおられなかった、とあります（9・36）。三人の弟子たちは、自分たちが見たこと、聞いたことは誰にも話さずに沈黙しました。イエス様の姿も、エルサレムでとげることになる最期も、神様の声も、そしてペトロの言葉も、何を意味するのか彼らには分かりませんでした。

山に登ったら必ず下りる時がきます。日曜日に教会で礼拝を捧げれば、月曜日には職場や家庭などで日常の生活が始まるのと同じです。

山の下には他の弟子たちがおり、悪霊に取りつかれると突然叫び出し、痙攣《けいれん》し泡を吹きだす一人息子の癒しを願う人がいました。彼は、イエス様の弟子たちに、悪霊追放と癒しを頼んだのですが、彼らはできませんでした。イエス様は、その現実を見て、「なんと信仰のない、よこしまな時代なのか。いつまでわたしは、あなたがたと共にいて、あなたがたに我慢しなければならないのか」（9・41）と言われました。この「あなたがた」は癒しを行えなかった弟子たちでしょうか。それとも息子の癒しを願ってやって来る親なのでしょうか。いずれにしても、癒しが何を意味するのかを理解していないという点で、両者は共通しています。イエス様は、その両者を含めて「あなたがた」とおっしゃっているのでしょう。「我慢しなければならないのか」(9・41)は「受け入れる」という意味です。癒しとは、神は誰一人として見捨ててはいないという福音の表れであることを、イエス様は少なくとも弟子たちには理解してほしいのでしょう。

神が一人ひとりを愛していることは、「人々は皆、神の偉大さに心を打たれた」(9・43)という言葉からも明らかです。神様は、イエス様を通して働かれます。そして、弟子たちを通して、神様の愛が現れていくことを、イエス様は願っておられる。しかし、まだその時は来ていません。

受難予告

イエス様は弟子たちに、「この言葉をよく耳に入れておきなさい。人の子は人々の手に引き渡されようとしている」(9・44)と言いました。でも、彼らはその言葉の意味が分からず、怖くてその意味を尋ねることもできませんでした。ここでは、引き渡される相手は祭司長たちのような指導者ではなく、「人々」です。後の箇所では「異邦人」(18・32)と書かれています。イエス様はすべての人から排斥され、十字架刑の裁きを受け、そのことのゆえに復活させられ、すべての人に罪の赦しを与える救い主(キリスト)なのです。そのことのために主イエスは地上に派遣され、山の上で祈りつつ、エルサレムでの最期に向かって歩まれるのです。悪霊追放も癒しも、そのことのためにあります。弟子たちも、イエス様が見える時はそのことが分かっていませんでした。しかし、彼らは聖霊降臨後、イエス様が誰であるかを知らされていくことになります。そして、十字架の死の時は、「あの人のことは知らない」と言って逃げ出した弟子たちが、聖霊を受けてエルサレムから全世界へと遣わされます。この派遣は今も続いています。私たちが聖霊を受ける時、私たちは福音の使者として今日も派遣されるのです。

28　イエス様に招かれた者は（9・46—50）

イエス様の孤独

「いったい、何者だろう。耳に入ってくるこんなうわさの主は」（9・9）と、ガリラヤの領主ヘロデは言いました。人々は、イエス様が何者であるのか考えあぐねていたのです。

そういう中で、イエス様は「それでは、あなたがたはわたしを何者だと言うのか」（9・20）と、弟子たちに問いました。すると、ペトロが「神からのメシア（キリスト）です」と答えたのです。この言葉は、人間が初めて口にした信仰告白です。

この言葉を聞いて、イエス様は、メシアは排斥され、殺され、三日目に復活すると、理解不能にして過激なことを言われたのです（9・22）。

そして、イエス様の後について来る（従う）者は「自分を捨て、日々、自分の十字架を背負って、わたしに従いなさい」（9・23）と言われました。信仰に生きる命は、イエス様に従うことにおいて肉体の命のなかに生き始めるのです。「従え、そこにあなたの真の命があるのだ」と、イエス様はおっしゃるのです。でも、私たちには肉体の命は見えますが、信仰に生きる命が見えないのです。そして、私たちは見えるものを重んじます。

「自分たちのうちだれがいちばん偉いか」（９・46）という議論は、見えることを重んじる人間たちの議論です。人間の資質、能力などを比較しているのです。彼らは、自分は価値のある人間だ、だからイエス様の弟子としてやっていけるのだ。そう思っているのでしょう。そういう思いと、「神からのメシア（キリスト）です」という言葉は、本来矛盾しています。しかし、この矛盾に弟子たちは誰も気づきません。そういう弟子たちに囲まれながら、イエス様の孤独はどんどん深まっていきます。教会のなかでこそ、イエス様の孤独は深まっているのです。

子どもたち・弟子たち

いわゆる先進国においては、子どもの教育費が高く、一つの家族に多くの子どもがいることは滅多にありません。そして、子どもは純真で可愛いというイメージがあります。しかし、元来、子どもは長生きするかどうかも分からず、労働ができるまでは「穀潰し」的な存在でもありました。価値が低かったのです。

イエス様は、そういう子どもの手を取って、ご自分のそばに立たせて、「わたしの名のためにこの子供を受け入れる者は、わたしを受け入れるのである。わたしを受け入れる者は、わたしをお遣わしになった方を受け入れるのである。あなたがた皆の中で最も小さい者こそ、最も偉い者である」(9・48)とおっしゃいました。

イエス様は、人間から見て価値がある者を弟子とするわけではありません。価値のない者を受け入れ、弟子とされるのです。神は人に上下を付けませんし、すべての人を愛しておられるのです。その事実を知らせるために、神様はイエス様をキリストとして派遣されたのです。しかし、イエス様のことを「神からのキリストです」と告白したペトロをはじめ弟子たちは、自分を信じ、お互いの価値を比較しているのです。そして、自分の価値を高めているのです。

私は、しばしば「教会という名のこの世を作らないように」と言います。私たちは、この世の秩序と全く同じものを教会の中に作り、それが教会だと思っていることがよくあります。しかし、それは全く違うものです。教会は人間が始めた団体ではなく、神が信仰を広めるために建てられた信仰共同体ですから、その本質を絶えず考えておかねばいけません。

次の段落は、ヨハネの言葉に始まります。彼はヤコブの兄弟で、元はガリラヤ湖の漁師でした。イエス様に最初から従ってきた弟子の一人です。そういう意味でも、誇り高かった弟子の一人でもあるでしょう。また、ヨハネは、ペトロやヤコブと共に、会堂司ヤイロの娘の復活する場面に立ち会い、山上でイエス様の姿が栄光の姿に変えられた時、雲の中から聞こえる「これはわたしの子、選ばれた者。これに聞け」(9・35)という、神様の声を聞いた者です。そういう意味で、ヨハネを含む三人の弟子たちは特別だという意識を持っていたのかもしれません。

また、十二弟子は悪霊の支配に打ち勝つ権能をイエス様から授けられて、派遣されました(9・1—6)。しかし、少し後には、悪霊に取りつかれていた子どもから悪霊を追放することができず、イエス様に嘆かれたこともあります(9・37—42)。

ここで、ヨハネはこんなことを言っています。

「先生、お名前を使って悪霊を追い出している者を見ましたが、わたしたちと一緒にあなたに従わないので、やめさせようとしました。」(9・49)

イエス様の名が一つの問題です。「名は体を表す」という言葉がありますように、イエス様の名が神様の愛を伝えるために使われる時、つまり、神に見捨てられた人間など一人もいないのだという現実を表すために使われる時、イエス様の名は力を発揮するのです。

ここで、ヨハネは「わたしたちと一緒にあなたに従わないので」と言っています。言葉上はそのことが大切です。イエス様に従うこと抜きにイエス様の名を使っても、何の効力もありません。しかし、「イエス様に従う」とはどういうことなのでしょうか。目に見える形で地上におられたイエス様に従うということであれば、それができた人はほんのわずかです。しかし、イエス様は人間の罪を赦し、人間を愛し、神の国に招くために派遣されたキリストです。だから、この「愛と赦し」に生きることこそ、イエス様に従うことです。イエス様に従うとは、イエス様が救い主（キリスト）として、神の愛と赦しを広めるために派遣されて来たという福音を、全存在をもって証しすることなのです。

でも、ヨハネは「わたしたちと一緒に従う」ことにこだわり、イエス様に従うためには、ヨハネたちと一緒にならなければいけないと思っています。そうでなければ、悪霊追放の業をやめさせようとする。

彼の言葉の背後にあるものは「自分たちは一番だ」という特権意識でしょう。だから、自分たちと同じにならなければいけないのです。要するに、イエス様の名よりも自分たちが大事だということです。こういう現実も、私たちの中によくあることです。

イエス様は私たちを見捨てない

私たちは「神、神」と口にしつつ、気がつけば、自分のために神を利用していることがしばしばあります。イエス様を「神が派遣したキリストだ」と言いつつ、キリストより前に出て、自分好みのキリストを作り上げてしまう。常に、自分の価値を上げようとしてしまう。価値ある人間だからキリストに選ばれたと思ってしまう。それは、結局、この世の考え方です。

しかし、神がキリストを通して表された「愛と赦し」は、この世のものではありません。この世においては価値が低い者、価値がないとされている者に対して注がれるものです。教会は、そういう愛と赦しによって神の国（支配）に生かされる共同体です。私たちは、気がつくと「教会という名のこの世」を作ってしまいます。しかし、そういう私たちを見捨てることなく、愛し、赦し、「わたしと共に神の国を生きよ」と招いてくださるイエス様に、今日も新たに従う者でありたいと願います。

29　神の国に生きることへの招き（9・51―61）

キリストとは

ルカ福音書を前半と後半に区分する場合、今回の箇所から後半部分が始まると言われます。前半でイエス様が活動された地域は、主に北部のガリラヤ地方です。その地方で、イエス様は神の国の現実を表すべく、さまざまなことを語り、さまざまなことをなさってきました。すべて、「イエス様は何者であるか」に関係したことです。

ガリラヤ伝道の終わりに、イエス様は「それでは、あなたがたはわたしを何者だと言うのか」（9・20）と、弟子たちに尋ねました。それは、人々の見方を聞いてからのことでした。その問いに対して、弟子を代表する形で、ペトロは「神からのメシア（キリスト）です」と応えました。この言葉は「イエスは、神が送ったキリスト、救い主です」という最初の告白です。

その告白を聞いて、イエス様は、初めて、ご自分は十字架に釘打たれて死に、その死から復活する「キリストである」ことを宣言されたのです。自分は、この社会から排斥され、殺される。しかし、自分は三日後に復活する。そういうキリストであると言われました。そして、そのキリストに従うためには、「自分の十字架を背負わなければならない。自分の命を救いたいと思う者はそれを失い、イエス様に従うことによって命を失う者はそれを得る」と、にわかには意味が分からないことをおっしゃいました。

その後、山の上で「これはわたしの子、選ばれた者。これに聞け」（9・35）という神様の声を、ペトロ、ヨハネ、ヤコブという三人の弟子たちが神の臨在を表す雲の中から聞きました。イエス様は、完全な人であり、完全な神です。その事実は、私たち人間には認識できるものではありません。与えられた「信仰」によってイエス様に結びつかせられた時、次第に分からされていくものです。

その山の下には、悪霊を追い出せない弟子たちがいました。その後、弟子たちは、自分たちの内で誰が一番偉いのかと議論します。さらに、イエス様の後に従っているわけでもないのに、イエス様の名を使って悪霊を追い出している人たちに対して、禁止命令を出したがっている姿が描かれています。

私たち人間にとって、イエス様が何者であるかは理解しがたいものです。だから、イエス様に従うことは困難なのです。「イエス様は神が派遣したキリストだ」と告白したとしても、私たちにとって最も大切なものは自分の命であり、その命を自分で救おうとする。キリストもそのために存在していると思ってしまうのです。そこに、キリスト、命に対する錯覚が生じます。しかし、そういう者たちのために、イエス様は十字架に向かわれる。私たちには自分の命を捧げる愛がありません。だから分からないのだと思います。

「イエスは、天に上げられる時期が近づくと、エルサレムに向かう決意を固められた」(9・51)。ルカ福音書の後半は、ここから始まります。少し前の「山上の変容」と呼ばれる場面(9・28—36)でも、イエス様は、栄光に包まれたモーセとエリヤとエルサレムで遂げられることになる「最期」(エクソダス、出口、脱出)について話し合いました。イエス様の最期は、いわゆる「天寿の全う」ではありません。エルサレムで罪人として十字架に釘打たれ、死刑にされることなのです。十字架の死を経るからこそ復活があり、昇天があるのです。十字架の死抜きに復活も昇天もありません。罪人の罪が赦され、永遠の命が与えられるという救いもないのです。その救いを私たちに与えてくださるために、イエス様は最期の舞台であるエルサレムに向かわれるのです。

キリストに結ばれる

ルカ福音書の前半でイエス様が活動された北部のガリラヤ地方と、南部のユダヤ地方にあるエルサレムの間には、サマリア地方がありました。この地域はかつて北王国イスラエルに属していた地域です。この国は紀元前八世紀にアッシリアに滅ぼされ、民の一部が捕囚されました。その結果、宗教的にも混淆《こんこう》が進んだのです。そのことによって、特に南部のユダヤ人とは犬猿の仲になっていました。だから、ユダヤ人が南北を行き来する場合は、西側の海沿いか、東側のヨルダン川沿いの道を利用することが普通でした。

しかし、イエス様は、あえて「サマリア人の村」（9・52）に入ったのです。イエス様たちがエルサレムに向かっていることを知った村の人々は、イエス様たちを歓迎しませんでした。当然でしょう。人々の様子を見て、イエス様の弟子であるヤコブとヨセフは「彼らを焼き滅ぼしましょうか」（9・54）と言いました。その時、イエス様は「振り向いて二人を戒め」（9・55）られました。

この「振り向いて」（ストレフォー）という言葉は22章でも出てきます。ペトロが、鶏が鳴く前にイエス様のことを三度も「知らない」と言ってしまった時です（22・61）。彼は、「イエス様と一緒なら死んでもかまいません」と言っていたのです。しかし、そういう彼が「イエス様を知らない」と言う。「イエス様と自分は無関係だ」と言う。実は、そうすることによって、自分はイエス様の弟子ではないと言っていることになるのです。

そのことと同じことをヤコブとヨハネはやっているのです。彼らがやっていることは、自分たちがイエス様の弟子であることを否定することなのです。自覚としては、最も弟子らしくふるまっている時に、実は彼らは自分を否定している。私たちも、そういうことがよくあります。

イエス様はサマリア人のためにも、十字架に釘打たれるのです。そして、彼らの罪が赦され、彼らが新しく神様に向かって生きることができるように、復活させられ、聖霊によって共に生きてくださるのです。サマリアの人たちも、イエス様を「あなたこそキリストです」と、告白する信仰においてキリストに結びつくのです。その点では、彼らは少しも変わりません。

イエス様たちは、エルサレムに向かって進んで行きます。イエス様がエルサレムに行くとは、単なる旅行ではありません。それは「エルサレムに向かう」（9・51）と「進んで行く」（9・57）に同じ言葉（ポレウオマイ）が使われていることからも分かります。十字架の死と復活の命、そして、昇天、聖霊降臨が続く最期に向けてイエス様は歩んでおられる。そのことを通して、神の国は建設されていくのです。

ある人がイエス様に向かって、「どこへでも従って参ります」と告白します（9・57）。イエス様は、鳥や狐に巣があっても自分にはない、と言いました（9・58）。ここで「ない」と訳された言葉は、「持っていない」という意味です。「神の国」に生きるとは、地上の家に生存の根拠を置かないということなのです。

父の葬りが終わったら従うと言う人には、死者の葬りは「死んだ者たちに任せよ」「あなたは、神の国を言い広めるために行きなさい」と言われました（9・60）。イエス様に従うとは、神の国で新しい命に生きることです。この命を生きている者からするならば、神の国に生きていない者は死んだ者です。だから、イエス様は、すべての者に「神の国を生きよ」と招かれる。イエス様の弟子を通してです。

家族も主イエスに従って歩むことによって新しい関係を持つものになるのです。

「主よ、あなたに従います。しかし、まず家族にいとまごいに行かせてください。」（9・61）

イエス様は、その人に、「鋤《すき》に手をかけてから後ろを顧みる者は、神の国にふさわしくない」（9・62）と言われたのです。悔い改めてイエス様に従う歩みを始めたということは、新たに歩み始めたということです。ここでの「家族」は古さの象徴です。

神の国の現実

この世では、家族は血で繋がっています。しかし、母や兄が会いに来たことを知らされた時、イエス様はこうおっしゃいました。

「わたしの母、わたしの兄弟とは、神の言葉を聞いて行う人たちのことである」（8・21）

神の国において、私たちは神の言葉を聞いて行うことで、神や隣人と新しい関係に入ります。そのためには、私たちは誰しも悔い改めなければなりません。それは、それまでの自分の生き方を否定し、聖霊において私たちと共に生きてくださるイエス様と共に、神に向かって生きることです。イエス様は、世界中のすべての民に神の国への招きを与えているのです。神の国と私たちの間には、断絶があります。私たちが神の国に入るには、方向転換が必要です。それが、悔い改めの本質です。誰しも悔い改めを経なければ、神の国を生きることはできません。しかし、そこにこそ、血の繋がりを越えた神の国の共同体が生まれるのです。そして、イエス様は私たち一人ひとりを、その神の国に生きるようにと招いておられるのです。

30　私たちが証しするもの（10・1―16）

行きなさい

10章はイエス様が七十二人を任命し、ご自分が行くつもりの「すべての町や村に二人ずつ先に遣わ」（10・1）すことから始まります。イエス様の目的は、「神の国」が到来した事実を告げることです。9章は十二弟子の派遣から始まりました。同じ目的を持った派遣です。

なぜ、「七十二人」なのでしょうか（七十人とする写本もあります）。それは、恐らく旧約聖書の創世記10章に遡《さかのぼ》ります。そこには、洪水後、ノアの息子セム、ハム、ヤフェトから「氏族、言語、地域、民族ごとにまとめた」（創世記10・31）七十人の子どもたちが記されていることによるのでしょう。これに合わせ、神の国到来という福音を伝えるために十二の六倍である七十二人が新しいイスラエルとして選ばれました。イエス様は彼らを通して、すべての民に神の国に生きよという招きを与えておられるのです。だからこそ、「収穫は多いが、働き手が少ない。だから、収穫のために働き手を送ってくださるように、収穫の主に願いなさい」（10・2）と言われるのです。

イエス様は、今も私たちを派遣し、すべての人に神の国が来たことと、神の国に生きることへの招きを与えておられるのです。イエス様の使者として派遣されていることを自覚したいと思います。

イエス様は言われます。


「行きなさい。わたしはあなたがたを遣わす。それは、狼の群れに小羊を送り込むようなものだ。財布も袋も履物も持って行くな。途中でだれにも挨拶《あいさつ》をするな。」（10・3―4）

使者の務めは、自分を遣わした者の言葉をちゃんと伝えることです。その場合、挨拶は危険です。この場合の挨拶とは、互いの近況を知らせ合ったりすることを含みます。そういう挨拶をするうちに、神の国が到来したという肝心要の福音がないがしろにされてしまうことがしばしばあるからです。

また、狼と小羊は、強者と弱者の違いがあります。違う秩序を生きている。神の国と人の国は全く違います。地上では人の国は圧倒的な強者です。強者である人の国（人の支配）に対して、神の国がイエス様と共に到来した事実を告げ、神の国に生きるよう、すべての人を招くのが使者の務めです。その務めを果たす時、「財布も袋も履物も持って行くな」と、イエス様は言われる。普通は、「旅の準備をしろ」となるはずです。しかし、神の国の到来を告げる旅に、人間の世界に必要な準備はしない。それが、小羊の備えなのです。頼るのは神のみです。

イエス様は「どこかの家に入ったら、まず、『この家に平和があるように』と言いなさい。平和の子がそこにいるなら、あなたがたの願う平和はその人にとどまる。もし、いなければ、その平和はあなたがたに戻ってくる」（10・5―6）と言われます。ここには、四回（原文では三回）も「平和」という言葉が出てきます。この平和は、戦争がない状態を表す平和ではありません。私たち人間は、戦争がない平和を造り出すために、核の抑止力に代表されるように莫大な金を使います。人間同士の間で武器を使わないために、多くの武器を持つのです。

しかし、イエス様がすべての人に広めたいと願っている平和は、神様との間の平和（和解）です。神様に背を向け、互いに新兵器を持ちつつ、戦争がない状態としての平和を作り出すことは、結局、狼の牙を研ぎながらのものでしかありません。そういう中で、神様との間の平和を告げるということは、滑稽かつ非常に困難なことです。それは、自分が神に背を向けている罪人であることを認め、その罪の赦しのために御子イエス・キリストが遣わされ、この方を通して神の国が到来したと信じることだからです。このイエス・キリストの前にひざまずくこと抜きに、人の世界に平和は訪れません。

宗教によっては、食物規定があります。だからこそ、どこの家でも、彼らを歓迎して迎え入れてくれたなら、その家で出されたものを何でも感謝して食べることが大事だ、とイエス様は言われます。なぜなら、それが神様との間に平和を与えられた者の特色の一つだからです。神様との間に平和を与えられた者は、地上の戒律から自由にされたからです。神の国に生きるとは、地上の戒律から解放されることでもあります。

かの日には

神の国と人の国では、秩序が違います。病人の癒しも、神の国では神に見捨てられた人など一人もいないことを表しています。大切なのは、「神の国はあなたがたに近づいた」（10・9）という言葉を信じ、悔い改めて、その国に生きることです。悔い改めない限り、神の国に生きることはできず、「かの日には、その町よりまだソドムの方が軽い罰で済む」（10・12）からです。こうした言葉は、運命的に受け取るのではなく、警告として受け取るべきです。「そうならないように、神の国の到来という事実を受け入れなさい」ということです。でも、その時、受け入れないのは、その人の責任であり、使者の責任ではない。イエス様は、そうおっしゃっている。ここに出てくるソドムは、創世記19章に出てくる町です。ここでは人の国を象徴しています。悔い改めることなく、主に背を向けて弱肉強食の社会を作り続ける限り、神様によって滅ぼされることになる。神の国を拒絶すれば、もっと恐るべき破滅を自ら招くことになる。しかし、その責任はその人のものであり、使者にあるわけではないとイエス様は言われるのです。

イエス様は、コラジンやベトサイダというユダヤ人の町に向けて、「お前は不幸だ」とおっしゃいます。「不幸だ」は「ウーアイ」という嘆きの言葉です。イエス様はこれらの町に住む人々のことを「このままでは、駄目だ」と嘆いておられるのです。なぜか。「お前たちのところでなされた奇跡がティルスやシドンで行われていれば、これらの町はとうの昔に粗布《あらぬの》をまとい、灰の中に座って悔い改めたにちがいない」（10・13）からです。ティルスやシドンは異邦人の町です。イエス様にとって、神の国が到来したという知らせを聞いて、悔い改めるか否かが問題であり、血や民族は問題ではないのです。ソドムの滅亡の時、神の民イスラエルの父祖であるアブラハムの存在は、甥のロトを救うほどのものでした。しかし、「自分たちの先祖にはアブラハムがいる」と驕《おご》り高ぶり、異邦人を見下す選民意識に捕らわれた人は「不幸」なのです。神様に遣わされたイエス様の行った奇跡の本質が分からないからです。だから、「裁きの時には、お前たちよりまだティルスやシドンの方が軽い罰で済む」（10・14）と言われるのです。カファルナウムはガリラヤ湖沿岸の町であり、イエス様の活動の拠点でした。でも、イエス様は「カファルナウム、お前は、天にまで上げられるとでも思っているのか。陰府にまで落とされるのだ」（10・15）とおっしゃる。悔い改めない民は、先祖にアブラハムがいようが、選民意識があろうが、神なき世界である陰府にまで落とされてしまう。だから、不幸だ。イエス様は、そうおっしゃる。ここでも、ベトサイダやカファルナウムの人々を見下げているのではなく、嘆いているのです。

わたしを拒む者は

イエス様は、最後に「あなたがたに耳を傾ける者は、わたしに耳を傾け、あなたがたを拒む者は、わたしを拒むのである。わたしを拒む者は、わたしを遣わされた方を拒むのである」(10・16)と言われます。

キリスト者は聖書に印刷されている言葉を御言葉(神の言葉)と言い、人間が語る説教を御言葉の取り次ぎと言います。聖書も説教も人が書き、人が語る言葉です。そして、説教も神の前で悔い改めた人間の言葉であり、イエス様が伝えたいことを真実に伝えた言葉である限り、つまり、イエス様に遣わされた使者の言葉である限り、御言葉です。御言葉を否定することは、神を否定することです。私たちキリスト者は、聖書と説教、また聖餐式を通して、神様の語りかけを聴いています。そして、今日も、イエス様こそ私たちの救い主(キリスト)であるという信仰を生きるべく派遣されているのです。その信仰を生きることによって、私たちは「神の国」の到来を証しするのです。

31 「恵み」としての信仰（10・17―24）

喜び

神の国到来という福音を一人でも多くの人に明らかにするために、イエス様に派遣された七十二人が「喜んで帰って来」（10・17）ました。彼らは口々に「主よ、お名前を使うと、悪霊さえもわたしたちに屈服します」（同）と言いました。それに対して、イエス様は「わたしは、サタンが稲妻のように天から落ちるのを見ていた。……だから、あなたがたに害を加えるものは何一つない」（10・18―19）と言われたのです。

イエス様に「敵のあらゆる力に打ち勝つ権威」を与えられ、イエス様に派遣された人が、神の国到来という福音を証しする時がきた。イエス様は、そう言われたのです。それは初めてのことです。その時、「サタンが稲妻のように天から落ちる」のです。

私たちは、「主の祈り」（11・2―4、マタイ6・9―13）の中で、「御心が行われますように、天におけるように地の上にも」(マタイ6・10)と祈ります。それは、神様が御心を実現してくださいという祈りではなく、私たちが神様の御心を地上で行うことができるようにという祈りでしょう。私たちキリスト者は、この世に生きているのですけれど、この世に属している者ではありません。イエス・キリストに属しているのです。そのことを忘れてはいけません。そして、弟子たち自身が、何のために派遣されたかを見ておくべきなのです。神の国到来という福音を証しする限りにおいて、彼らは「敵のあらゆる力に打ち勝つ権威」をイエス様から授けられたのです。彼ら自身が、権威を授けられたわけではありません。私たちは、そのことを忘れてはいけません。

私たちが伝道する場合、まるで自分が権威を授けられたかのように錯覚し、そこに喜びを見出す場合があります。

しかし、イエス様はこう言われるのです。

「しかし、悪霊があなたがたに服従するからといって、喜んではならない。むしろ、あなたがたの名が天に書き記されていることを喜びなさい。」(10・20)

私たちは錯覚してはなりません。イエス様は私たちの能力を見て、権威を授けてくれたのではありません。私たちが神に見捨てられないように、イエス様は十字架にかかって死んでくださり、神様に向かって生きることができるように復活させられたのです。つまり、私たちは神様に罪を赦されなければ、天に名が記されることがない罪人なのです。そのことを認め、イエス様を自分の救い主（キリスト）と信じ、悔い改めることが、神の国到来という福音伝道に派遣されることの前提です。「派遣」の前に贖罪《しょくざい》という恵みがある。その事実を忘れてはいけませんし、いつもその事実の上に堅く立っていなければいけないのです。そして、贖罪を喜びの根拠にして賛美することなしに、福音伝道はできないのです。もちろん、福音伝道はイエス様の贖《あがな》いを喜び、賛美しつつであってもなかなか成果は出ないものです。しかし、神の国が到来した、そして私たちは今すでに神の国に生かされている。その現実は、神様がイエス様を通して造り出してくれたものです。そのことを喜び、賛美しつつ、福音伝道に用いられることを、イエス様に感謝したいと思います。

聖霊によって喜びに溢れて

イエス様は、その時「聖霊によって喜びに溢れ」、こう言われました。

「天地の主である父よ、あなたをほめたたえます。これらのことを知恵ある者や賢い者には隠

して、幼子のような者にお示しになりました。そうです、父よ、これは御心に適うことでした。」（10・21）

ここを読むと思い出すパウロの言葉があります。少し長いのですが、引用します。

十字架の言葉は、滅んでいく者にとっては愚かなものですが、わたしたち救われる者には神の力です。それは、こう書いてあるからです。

「わたしは知恵ある者の知恵を滅ぼし、
賢い者の賢さを意味のないものにする。」

知恵のある人はどこにいる。学者はどこにいる。この世の論客はどこにいる。神は世の知恵を愚かなものにされたではないか。世は自分の知恵で神を知ることができませんでした。それは神の知恵にかなっています。そこで神は、宣教という愚かな手段によって信じる者を救おうと、お考えになったのです。（Ⅰコリント1・18―21）

信仰は与えられたものだと、私は思っています。私たちが信じるのは、信じさせられたからです。

しかし、その信仰は、この世では愚かだと言われます。人間は、自分の知恵（知性）を頼ります。しかし、知恵によっては神を知るに至りません。その知恵に頼っている限り、人と神は無関係なのです。

イエス様は、神の国を宣べ伝えるために派遣した七十二人が喜んで帰って来たのを見て、神の国はたしかに到来したことを知りました。そして、神様がイエス様をキリストとして送り、神の国を地上に広めている事実を、幼子のような弟子たちも信仰によって知りました。イエス様はこのことを聖霊によって知らされ、喜びに溢れたのです。

すべてのことは、父からわたしに任されています

パウロが「わたしは、既にそれを得たというわけではなく、既に完全な者となっているわけでもありません。何とかして捕らえようと努めているのです。自分がキリスト・イエスに捕らえられているからです」（フィリピ３・12）と言っています。

私たちは、三位一体の神様を信じています。しかし、それは三つの神様を信じているわけではありません。聖霊によってキリストに出会い、そのことによって父なる神を知り、聖霊なる神を知ったのだと思います。でも、神様のことはよく分かりません。だから「何とかして捕らえようと努め」るのだと思います。そうするのは「キリスト・イエスに捕らえられている」からです。

イエス様は「すべてのことは、父からわたしに任せられています。父のほかに、子がどういう者であるかを知る者はなく、父がどういう方であるかを知る者は、子と、子が示そうと思う者のほかには、だれもいません」(10・22)とおっしゃいました。イエス様は七十二人が、何も持たずに神の国を宣べ伝えることで、イエス様がキリストであると信じるに到ったことを喜んだのです。

イエス様は同じことを見ていた弟子たちの方を振り向いて、彼らだけに、「あなたがたの見ているものを見る目は幸いだ。言っておくが、多くの預言者や王たちは、あなたがたが見ているものを見たかったが、見ることができず、あなたがたが聞いているものを聞きたかったが、聞けなかったのである」(10・23―24)と言われました。

哲学や神学をよく学んだ人しか、神を知ることはできない。そう思っている人が今でも大勢います。イエス様はこの錯覚を打ち破り、この世においては幼子のような人に信仰を与え、神様との関係を造り出してくださったのです。その現実を見て、イエス様は喜びに溢れ、同じ現実を見ている弟子たちを「幸いだ」と言うのです。この現実は、多くの預言者たちが見聞きしたかった「神の国」の現実です。その現実を幼子のような弟子たちに知らせ、七十二人に知らせていく。それは、神の知恵に適ったことです。

私たちの信仰は与えられたものです。宗教改革者のルターは、そのことを神の恵みだと言います。

恵みには、返礼ができません。ただ、イエス様に派遣される時、感謝と賛美をもって神の国到来という福音を証ししていく。そのことによって、私たちは「恵み」を与えられた者として、生きることができるのです。だから、私たちの礼拝の最後は「派遣と祝福」なのです。

32　憐れみを実行する（10・25―37）

永遠の命

「あの人とは言葉が通じない」ということがあります。両者とも、同じ日本語を使って話しているのです。日本語というレベルでは同じなのです。しかし、その中で、言葉が通じる人とそうでない人の違いが出てきます。

「あの人にはよく話を聞いてもらった」と言う場合があります。表面に出てきた言葉の奥に何があるかをちゃんと理解してくれた時、私たちは「自分の言葉が聞かれた」と分かるのです。

「永遠の命」は地上に生き続ける命ではありません。ここに出てくる「命」は、肉体の命という意味ではありません。私たちキリスト者は今すでにその命を生き始め、肉体の命の死を越えて、この命を生きていくのです。だから永遠の命は「神の国」とも言われます。イエス・キリストの到来によって神の国が到来し、イエス・キリストは、私たちが悔い改めてその国（支配）の中に生きるように招いてくださいます。その招きに応えて神の国を生きることによって、ここでイエス様がおっしゃっていることの奥が分かるのだと思います。

ここに登場する「律法の専門家」は、これまでもイエス様の周囲にいた人だと思います。七十二人が帰って来て、イエス様の名前を聞くと悪霊までが屈服することを喜びつつイエス様に報告したことを知っているでしょう。そして、イエス様が、「むしろ、あなたがたの名が天に書き記されていることを喜びなさい」（10・20）とおっしゃったことや、「天地の主である父よ、あなたをほめたたえます。これらのことを知恵ある者や賢い者には隠して、幼子のような者にお示しになりました。そうです、父よ、これは御心に適うことでした。……」（10・21以下）という祈りの言葉も聞いていたと思います。神様は、知恵という面では幼子のような存在である人々に、ご自身の業が何であるかや、御子とはどういう存在なのかなどを示されたのです。それは神の知恵に適っており、弟子たちが見聞きしている現実の奥を預言者たちは見聞きしたかったのだと、イエス様は言われたのです。

ここにあるのは大逆転です。神のことは「知恵ある者や賢い者」（10・21）には隠されています。彼らは、律法に書かれていることの表面的意味は正確に理解しますが、律法が何を言っているのか、その奥を理解していないのです。それは、「御心に適うことでした」とイエス様は言うのです。

そこで、律法の専門家がついに立ち上がりました。彼は「先生、何をしたら、永遠の命を受け継ぐことができるでしょうか」（10・25）とイエス様に尋ねました。イエス様は律法には何と書いてあるかと尋ねました。彼は、神を愛せ、隣人を自分のように愛せ、と記されていると答えたのです。イエス様は、「正しい答えだ。それを実行しなさい。そうすれば命が得られる」（10・28）と言われました。先程申しましたように、専門家は、律法の表面的な意味は正しく理解している。しかし、書かれていることが分かるとは、言葉の正確な理解に止まりません。その律法に記されている愛や命は、七十二人がそうであったように、何一つ持たないで実行することによってしか、奥までは知ることができないのでしょう。

イエス様の言葉を聞いて、彼は「自分を正当化しようとして、『では、わたしの隣人とはだれですか』」（10・29）と問いました。

憐れに思い

そこから「善いサマリア人」として有名なたとえ話を、イエス様はされます。追いはぎに襲われて半死半生にされ、道端に捨てられた同胞を、神に仕える祭司や神殿で働くレビ人は見て見ぬ振りをして通り過ぎていきました。でも、ユダヤ人と敵対関係にあったサマリア人は、「その人を見て憐れに思い、近寄って傷に油とぶどう酒を注ぎ、包帯をして、自分のろばに乗せ、宿屋に連れて行って介抱した」（10・33―34）というのです。そして、翌日、当時の二日分の日当と言われるデナリオン銀貨二枚を宿屋の主人に渡して介抱を頼み、足りなかったら帰りがけに払うと言いました。

ここに「憐れに思い」と出てきます。スプランクニゾマイという言葉です。これは基本的にイエス様にしか使われない言葉なのです。元来は「腹が痛む」という意味だそうです。愛することが単に観念に止まらず、肉体の痛みに及ぶ。男の私が言うのも変ですが、日本語には「お腹を痛めた我が子」という言い方があります。それに近いかもしれません。このサマリア人は、腹を痛めるほど、敵を愛したのです。そして、その愛を実行したのです。愛は実行しなければ、絵に描いた餅に過ぎません。

そこでイエス様は「さて、あなたはこの三人の中で、だれが追いはぎに襲われた人の隣人になったと思うか」（10・36）と、彼に尋ねました。彼は「その人を助けた人です」（10・37）と言いました。当然です。その答えを聞いて、イエス様は「行って、あなたも同じようにしなさい」と言ったのです。

問題は、誰が追いはぎに襲われた人の隣人になったかです。律法の専門家は「その人を助けた人です」と言いました。正しい答えです。でも、よく考えてみると、彼は「わたしの隣人とはだれですか」と尋ねたのです。でも、イエス様は、誰が隣人になったか、と言われました。隣人とは誰かが問題ではなく、隣人になったのは誰か、です。

律法の専門家は、「その人を助けた人です」と、言葉としては正しい答えをしました。これは、「その人に憐れみを実行した人です」と訳せます。この「憐れみ」は、ルカ福音書1章の「マリアの賛歌」に二回出てくる言葉です。

「その憐れみは代々に限りなく、主を畏れる者に及びます。」（1・50）
「その僕イスラエルを受け入れて、憐れみをお忘れになりません」（1・54）

イエス様の先駆者であるヨハネを宿している高齢のエリサベトに会った時、マリアは、イエス様の誕生は、神様がイスラエルに対する憐れみを忘れていないしるしだと確信したのです。

しかし、この憐れみを受けなければならないのは誰なのでしょうか。多くの人が、実際に追いはぎに襲われて半死半生になり、道端に捨てられる経験をしているわけではないでしょう。皆、普通にこの世の中を生きているのです。しかし、神様から見れば、実際は半死半生なのです。

アダムとエバは、禁断の木の実を食べた後、互いの前で裸でいることができず、神が出てくると木の陰に隠れました。姿を隠そうとするアダムとエバに、神は「あなたはどこにいるのか」「あなたは何ということをしたのか」と語りかけたのです。しかし、彼らは「わたしは禁断の木の実を食べました。人間がやってはいけないことをしました。すみません」と、謝りはしません。そのようにして、人間は罪に支配されていくのです。次第次第に、神に造られた被造物の姿を失っていく。そのことが罪です。人間が造られた姿を失い、半死半生になっていくのです。憐れみを受けなければならないのは、私たちなのです。

イエス様の十字架

ここで律法の専門家は永遠の命を求めてイエス様に質問をしています。イエス様から見るならば、彼は律法の表面をなぞっているだけの罪人です。でも、自分は偉い、正しいと思いながらも永遠の命には手が届かないと思っている。彼こそ半死半生の人なのです。そういう人を見て、神様は憐れに思い、イエス様を遣わしてくださったのです。そして、イエス様は、神様の味方だと思いつつ敵になっている人間を愛し、その罪が赦されるようにと、十字架で裁かれたのです。人間が実は最も必要としている罪の赦しと永遠の命を与えるために、イエス様は天から派遣され、感謝するどころか、そのことに気づきもしない人間の隣人になり、十字架にかかってくださったのです。そして、十字架の上で「父よ、彼らをお赦しください。自分が何をしているのか知らないのです」(23・34)と祈ってくださった。私たちは、そういう憐れみを受けている。このことがちゃんと分かれば、私たちも口先だけの人間ではなく、「それを実行しなさい」というイエス様の言葉に、少しでも従う者になれるでしょう。

33　御言葉に聞く（10・38―42）

この世とはズレる

最近は「80・50問題」が、かなり深刻な問題になっていると言われます。それは、八十歳代になった高齢の親と、五十歳代になった引きこもりの子どもが揃って社会から孤立してしまうことを指すそうです。親も子どもも困っているのです。周囲の者も、どうしたら良いか分からず困っている。たくさんの家庭がこの問題を抱えて苦しんでいるのだと思います。

マスコミで、「いじめ」「自殺」「幼児虐待」「家庭内暴力や殺人」が報道されない日はありません。しばしば、いわゆるエリートだった人の家庭で殺人という悲惨なことが起きます。

原因はさまざまにあると思います。その中の一つは「あるべき○○像」のおしきせがあるように思います。大人も子どもも「こういう社会人でなければいけない」「自分の子であるならこうでなければいけない」「男とは、女とは、こうあるべきだ」など、さまざまな縛りがあり、それにがんじがらめになっている。そして、その理想像とズレている場合、ズレている自分を親も自分も受け入れられないのです。それは、苦しいことです。そういう苦しみを抱えている親や子がそれなりの数いますし、「いじめ」「虐待」「暴力」などの一つの原因にも理想像のおしきせがあるでしょう。引きこもりという現象の奥には、そういうものがあるように思います。

ルカ福音書は、９章51節から新しい段階に入りました。イエス様は、エルサレムに向かって南下されます。十字架の死に向かって歩き始めたのです。そして神の国に、主イエスの弟子として生きるとはどういうことかが問題になっていきます。イエス様が、この世にもたらしつつある神の国にイエス様の弟子として生きていくこと、それはこの世に生きながらも、この世には属さないことです。この世が求めることとズレるのです。イエス様は、釈迦のように「このように生きたい。このように死にたい」という像を人々に残したのではありません。「このようには死にたくない。あのようには生き得ない」。そういう像を残したのです。なぜかと言えば、イエス様は神に逆らう冒瀆《ぼうとく》人、皇帝に歯向かう犯罪者として十字架刑で公開処刑されたからです。自分を犯罪者として十字架で処刑する人々をイエス様は愛し、その罪が神によって赦されるように祈りつつイエス様は生きられたのだし、死なれたのです。神の国の現実、イエス様の弟子としてイエス様に服従し、派遣される現実は、そのことと無縁ではありません。

マルタとマリア

今回の箇所は「マルタとマリアの話」として、先の「善いサマリア人のたとえ」と同じくよく知られた箇所です。イエス様の一行がある村に入った時、マルタという名の女性が一行を迎えました。マルタにはマリアという名の妹がいました。彼女たちは独身で、二人で住んでいたのかもしれません。今でも根強く男女差別はありますが、当時のユダヤ人社会では、家の外で女性が見知らぬ男性に声をかけるなんて考えられないことでした。そういう社会の中で、マルタはイエス様に声をかけ、一行を家の中に招き入れたのです。彼女もイエス様の話を聞きたかったのだと思います。この人は、他の男たちとは全く違う。彼女はさまざまな評判を聞きつつ、そう思っていたのでしょう。

妹のマリアは「主の足もとに座って、その話に聞き入っていた」（10・39）とあります。マリアは、イエス様の話を夢中になって聴いていたのです。生まれて初めて、時代や性別を超越しているイエス様の話を聴いたからです。聴きながら、彼女は解放感に包まれていったと思います。イエス様は、人間の本来の姿を知っており、その本来の姿で生きるようにと促しておられたことでしょう。

「マルタは、いろいろのもてなしのためせわしく立ち働いていた」（10・40）。それは当然のことでしょう。彼女は、女性として、また人を招いた人間として、当然のことをしていたに過ぎません。しかし、主イエスの足もとで身じろぎもせずに話に聞き入っているマリアを妬《ねた》んだのでしょう。マルタも主イエスの話を聞きたかったからです。だから、主イエスのそばに近寄って、こう言いました。

「主よ、わたしの姉妹はわたしだけにもてなしをさせていますが、何ともお思いになりませんか。手伝ってくれるようにおっしゃってください。」（10・40）

彼女としては、当然のことを言ったのです。彼女は、その時代が求めている女性像に従って働いており、その像をマリアにもあてはめたいと思っているのでしょう。

マルタの言葉を聞いたイエス様は、こうおっしゃいました。

「マルタ、マルタ、あなたは多くのことに思い悩み、心を乱している。」（10・41）

マルタは、自分でイエス様一行を招きました。それは、イエス様の話を聞くためであり、イエス様一行をもてなすためではなかったはずです。でも、イエス様の話を聞くために、何人もの人がこの家にやって来たのだと思います。彼女は、そういう人たちのことまで考えてしまったのかもしれません。

とても彼女一人で全員のもてなしはできません。だから彼女は、マリアにも手伝わせたかったのです。そういうマルタに、主イエスはこう言われました。

「しかし、必要なことはただ一つだけである。マリアは良い方を選んだ。それを取り上げてはならない。」（10・42）

私たちは自分にとって必要なことを知っており、その必要を求めているのでしょうか。私たちが必要だと思っているものは、えてして私たちの欲求が求めているものではないでしょうか。必要と欲求の区別は難しいものです。私たちは、この世を生きています。その中でさまざまなものが目に映り、それが必要であるかのように思えてくることがあります。神の国に生き、イエス様に従う弟子として生きる時に、私たちはこの世の価値観からズレ、この世が求める理想像からズレていかざるを得ません。信仰の道は、尾根伝いのような道で、右にも左にも落ちてはいけないのです。絶えずイエス様の姿を見、その声を聴きつつ歩む者でありたいと思います。

良い方

マリアが選んだ「良い方」は、この世においては決して良い方ではありません。イエス様から見てのことです。イエス様に従う弟子として、神の国に生きる上で必要なことです。良い方はイエス様の言葉を聴くことから始まります。その中で、自分の本来の姿を知らされ、今の自分に何が求められているのかを知らされていくからです。それは、この世がするような理想像の押しつけではありません。

人生は選択の連続です。何を選ぶのか、いつも問われているのです。そして、選択の結果はいつか必ず現れます。良い選択をすれば、いつか良い結果をもたらし、悪い選択をすれば悪い結果をもたらします。でも、選択するその時、誰も自分は悪い選択をするのだと思っているわけではありません。今はそういう部分があったとしても、必ず良いものになるからとか、良いものにするのだからと思っているのです。エバをそそのかした蛇の「神様は悪意や人間に対する嫉妬《しっと》を持っており、この実さえ食べれば、園は全部あなたのものになるのだから」という語りかけを、私たちも聞いています。そして蛇は、人間が心の奥底で願っている領域侵犯をさせます。つまり、人間が神の御心を行うのではなく、人間が神であるかのように思わせるのです。

「女性のあるべき姿はこういうものである」という女性像の押しつけも、時代が生んだ蛇です。私たちは「自分なんて生きる意味はない」とか「生きている意義なんて自分にはない」と思ったり、その逆に、この世が求める理想像に合致した時に、尊大になって人を見下したりします。マリアは、主イエスの言葉を聴くことによって、自分とは何かを考えているのです。御言葉の光こそ、自分は神に愛されている貴い存在としての人間であることを教えてくれるからです。

34 神を「父よ」と呼べる幸い（11・1―13）

祈りは息

「キリスト者にとって、祈りは息のようなものだ」と言われることがあります。私もそう思います。私たちが祈りと聞くと、胸の前で手を合わせて、下を向いて……という姿を思います。これは、極めて大切な祈りだと思います。しかし、それだけが祈りではないでしょう。目を開いたままのこともあるし、道を歩きながらのこともあるし、新聞やテレビを見ながらのこともあるでしょう。喜びの時も悲しみの時もあります。

信仰と信念が違うように、祈りと独り言は違います。祈りは、神様が相手なのです。神様に語りかけるのです。また、念じることと、祈りは全く違います。祈りには相手がありますから、自分の言いたいことを神様に聞いていただき、神様の言いたいことに耳を傾けるという側面があります。説教を聴くという行為は、今を生きる私たちに対する神様の語りかけを聴くことです。

パウロは、キリスト者に関してこう言っています。

あなたがたは、人を奴隷《どれい》として再び恐れに陥れる霊ではなく、神の子とする霊を受けたのです。この霊によってわたしたちは、「アッバ、父よ」と呼ぶのです。この霊こそは、わたしたちが神の子供であることを、わたしたちの霊と一緒になって証ししてくださいます。

(ローマ8・15—16)

「アッバ」は、当時のユダヤ人が使っていたアラム語で「お父ちゃん」を意味する幼児語だそうです。当時の人々は「天地の造り主にして、歴史をすべ治め、神の民イスラエルを選び出し、栄光に満ちて……」と神の前にいくつもの修飾句をつけて祈ったし、そういう祈りが「立派な祈り」とされていたようです。その社会において、イエス様は神様に向かっていきなり「アッバ」と呼びかけたのです。その姿を見て、弟子たちはビックリしました。イエス様と神様の間にある独特の近さ、そして幼子が父を愛し、信頼しきっているように、イエス様が神様を愛し、信頼しきっている姿に接し、腰を抜かさんばかりに驚き、自分たちもイエス様のように祈りたいと願ったのです。

そういう中で、弟子の一人が「ヨハネが弟子たちに教えたように、わたしたちにも祈りを教えてください」（11・1）と願いました。そこでイエス様は、後に「主の祈り」と呼ばれる祈りを告げられたのです。

その冒頭に「父よ」とあります。祈りは独り言ではなく、平安を心の中に作り出す手段でもありません。祈りに、「父」との出会いは絶対に必要です。自分の命の創造者と出会い、その方を「アッバ」と呼べる。それは、キリスト者として息ができるようになったことであり、人間の本来の姿が与えられたということです。新しい命が与えられたことだとも言えます。

そういう意味で、私たちはみな神の子どもなのです。神様を「父よ」と呼ぶ兄弟姉妹なのです。ところが、私たちは神の子どもとしての道を外れ、迷子になってしまう。「この道が正しい」と思いつつ、どんどん人間の姿を失い、息苦しくなっていく。そういう私たちの姿を見て父なる神様は、どれほど悲しかったかを思います。次々と預言者を遣わして悔い改めを求められましたが、ことごとく拒絶されました。

そこでついに、神様はイエス様を地上に遣わしたのです。そして、私たちの罪を赦し、新しく生かすために、御子を十字架に磔《はりつけ》にし、死人の中から復活させ、天に挙げられたのです。そして、聖霊を降してくださった。それはすべて、私たちが神の子どもとして、神様を「父よ」と呼べることを願ってのことです。イエス様も、そのことを願っておられるのです。イエス様は、ご自分と同じように、私たちが神様を「父よ」と呼ぶことを願っておられるのです。だから、父と共に、聖霊を送ってくださったのです。私たちが神様を「父よ（アッバ）」と呼べるのは、私たちが聖霊を受けているからです。

「主の祈り」は、「御名が崇められますように。御国が来ますように」(11・2)という言葉から始まります。「御名」「御国」とは、「あなたの名」「あなたの国（支配）」です。「名は体を表す」という言葉がありますように、人々が神を礼拝することを通して、神の支配（愛）が広まっていくのです。そのことが、イエス様の真っ先の願いなのです。自分の願いを実現するために神がいるのではなく、神の願いをこの地上で実現していくことが、私たち人間の使命なのです。祈りは神様に私たちの願いごとを言うことだと思いがちです。たしかに、それもあります。しかし、その前に神様を父として礼拝し、父の願いを聴くことが大事です。そうすることで、父の願いの実現のために生きることが、私たちの願いになっていくのだし、そこに被造物の本当の幸せがあることが分かってくるのです。

ここでいよいよ「わたしたちに必要な糧」(11・3)に関する祈りが始まります。でも、そのことを祈ること自体、自分の命を養うのは自分ではなく神であるという認識があります。その認識を得るには、神との出会いが必要であり、悔い改め（方向転換）が必要です。

どんどん道を外れて迷子になってしまう私たちが、神の前に立つためには、私たちを迷子にする罪が赦される必要があります。

罪（ハマルティア）は「的外れ」から来た言葉だそうです。的を狙って矢を放っても当たらない。そういう人間の姿を罪人と言うのです。その罪が赦されなければ、神の子どもとして、神の前に立てないのです。そして、自分の罪が赦されることと、人が自分に対して抱いている「負い目」（罪）を赦すことは繋がっているのです。この両者を無関係のものとすることはできません。神に自分の罪の赦しを求めつつ、人の罪は赦さない。そういうことはあり得ないのです。

人の負い目を赦す。これは、私たちにとって最も難しいことです。「あの人のことだけは赦せない」。そういう思いが、私たちにはあるものです。赦すことは、自己の崩壊をもたらすようなことだからです。

誘惑の一つは、明らかに赦しの問題です。「あの人を赦せないのは当然だ、赦してはならない」。誘惑者はそう言います。この世とはそういうものです。でも、そういう報復合戦は復讐の正当化を生み出し、ついにはいずれかの敗北をもたらすことは、私たちが知っていることです。しかし、私たちは誘惑に負けて、人の負い目を赦さず、復讐したり、あるいは関係を断絶してしまうのです。そのようにして、どんどん罪を深めていってしまう。

聖霊

人の足を踏んでいる人は気づかず、踏まれた方は痛みを感じている、とはよく言われることです。神様が、人間の罪によって踏みにじられてしまう時、どれほど痛みを感じられたかと思います。そして、どんどん迷子になっていく人間の様子を見て、神様がどれだけ悲しまれたかを思います。しかし、神の痛みや苦しみに気づかず、謝りもしない罪人の罪を赦すために、神様はイエス様を世に降し、イエス様が十字架に磔にされる時に沈黙の中で何もされなかったのです。何もしないこと自体が一つの行為です。

イエス様は、十字架の上で神様に祈りました。

「父よ、彼らをお赦しください。自分が何をしているのか知らないのです。」（23・34）

何をしているか知らず、謝りもしない人間の罪を赦すために、神の独り子イエス・キリストが十字架に磔にされ、復活させられ、天に挙げられたのです。その天から、イエス様と神様が聖霊を降してくださったのです。

主の祈りの後に、イエス様はたとえ話を弟子たちにしました。それは執拗《しつよう》に願うことを、私たちに勧めています。たとえ話の最後の言葉は、「まして天の父は求める者に聖霊を与えてくださる」（11・13）というものです。神様の御心である愛と赦しは、神様から送られる聖霊によって初めて実現可能なことなのです。私たちは、その「聖霊」によって神様を「父よ」と呼ぶことができるようにされました。だから、その聖霊を求め、御名が崇められるように、御心を少しでも行う者でありたいと願います。

35　私たちの信仰を守るのは（11・14―28）

摩擦

私は私なりに信仰を生きているつもりです。信仰を生きることは、実に楽しいことである反面、苦しいことでもあります。私たちは、信仰をもってこの世を生きています。そして、この世的な解釈と信仰的な解釈が違うことがしばしばあります。一方で、私たちはこの世を生きていると同時に信仰を生きていますから、人間の思いや行為を通して神の計画が行われている様を見ることがあります。そして、私たち自身は信仰者として、イエス様の歩みに従ってこの世の中を歩みたいと願っています。その歩みが、この世の流れと摩擦を起こすこともよくあります。私たちですらこうなのですから、イエス様は、絶えずそういう摩擦を感じておられたのだな、と最近よく思います。

イエス様は、こうおっしゃいました。

「しかし、わたしが神の指で悪霊を追い出しているのであれば、神の国はあなたたちのところに来ているのだ。」（11・20）

イエス様は、口をきけなくする悪霊を追い出しておられました。その現実を見て、「悪霊の頭であるベルゼブルを使って悪霊を追い出している」と言う人々がいました。しかし、そういう人々に、「内輪で争えば、どんな国でも荒れ果て、家は重なり合って倒れてしまう」（11・17）と、イエス様はおっしゃり、「サタンが内輪もめすれば、どうしてその国は成り立って行くだろうか」（11・18）と続けられたのです。

イエス様は神の指で悪霊を追放し、神の国の到来という現実を表していると、おっしゃいます。しかし、悪霊が出て行くという目に見える現実は同じだし、同じことをやれる人が他にもいるのです。現象としてはイエス様と同じことができる人々がいる社会の中で、イエス様は神の国の中に人を招き入れるために神の指を使っているのです。そこに、摩擦が生じないはずがありません。

強い者

イエス様は「もっと強い者が襲って来てこの人に勝つと、頼みの武具をすべて奪い取り、分捕り品を分配する。わたしに味方しない者はわたしに敵対し、わたしと一緒に集めない者は散らしている」(11・22―23) とおっしゃいます。

家の財産は、強い者がいれば守られます。しかし、どんなに強い者であっても、「もっと強い者が襲って来てこの人に勝」てば、ひとたまりもありません。しかし、何が「強さ」を表し、何が守るべき「分捕り品」なのでしょうか。

この世における「強さ」とは、地位や身分、腕力などです。そして、「分捕り品」とは土地やお金などの財産だろうと思います。しかし、イエス様は、悪霊追放の話の後で、そういうことを言い出す方ではありません。そもそもイエス様は、この世の知恵をお語りになる方ではないのです。では、何をお語りになっているのでしょうか。

かつてキリスト者に対する大迫害者だったパウロは、復活のイエス・キリストに出会い、目が見えなくなるほどに驚きました。パウロは、ダマスコに住むキリスト者を捕らえるために意気揚々としていました。そのパウロに、イエス様は天上から「サウル (当時のパウロの呼び名)、サウル、なぜ、わたしを迫害するのか」(使徒9・4) と、語りかけました。彼は、「主よ、あなたはどなたですか」(9・5) と尋ねました。主イエスは、「わたしは、あなたが迫害しているイエスである」(同) とお答えになりました。そして、ダマスコのキリスト者たちを代表するアナニアに向かって、イエス様は

「行け。あの者は、異邦人や王たち、またイスラエルの子らにわたしの名を伝えるために、わたしが選んだ器である。わたしの名のためにどんなに苦しまなくてはならないかを、わたしは彼に示そう」（9・15―16）と、パウロに洗礼を授けることを命ぜられました。

その後の彼の生涯は、まさに苦しみの連続でした。しかし、その彼が、後にこう言っているのです。

わたしは、既にそれを得たというわけではなく、既に完全な者となっているわけでもありません。何とかして捕らえようと努めているのです。自分がキリスト・イエスに捕らえられているからです。（フィリピ3・12）

「キリスト・イエスに捕らえられているからです」と、彼は言います。どんなことがあっても、その事実は変わらない。その事実があるからこそ、何とかしてキリストを捕らえようと努めているのです。

「キリスト・イエスに捕らえられている」とは、キリストに愛されている、赦されている、キリストは今も私と共に生きてくださっている。その事実は変わらない、ということです。そして、その事実を信じる。そこに神の国に生きる事実があるのです。

私たちが守るべき「分捕り品」は信仰です。でも、その信仰は、守られて初めて守ることができるものです。私たちの信仰を守るのは、この上なく強いイエス様の愛と赦しです。この愛と赦しのおかげで、私たちの信仰は今日も守られ、神との間を分断している罪を赦され、神の国に生きることができるのです。イエス・キリストの十字架の死と復活の命を通してご自身を示された神に出会い、その神に愛されている、赦されていることを信じ受け入れる時、私たちは今日も神の国に生きることができるのです。

前よりも悪くなる

洗礼を受けた人が、生涯にわたって礼拝生活を続け、キリスト者として生きるならば、日本におけるキリスト者の人口は格段に増えているはずです。実際は、洗礼を受けた人が後にキリスト教とは疎遠になることが多いのです。信仰に生きることは、さまざまな摩擦を受けながらこの世を生きることですから、とても一人ではやっていけません。キリスト者は共に肩を組み、励まし合いつつ前進して行かねば信仰を生きることはできません。

また、神のことを語りつつ、神に語りかけないキリスト者になってしまうことが、私たちの場合、多い。いつも、「神はこうなさる」と正しいことを語りつつ、神を自分自身が作った公式の中に収めてしまう。そして、気分がスッキリする。そういうキリスト者になってしまうことが多いのです。それは、かつて出て行った悪霊が、「自分よりも悪いほかの七つの霊を連れて来て、中に入り込んで、住み着く」（11・26）結果です。教会の中には、牧師であれ信徒であれ、そういうキリスト者がいます。それは「前よりも悪くなる」（同）キリスト者です。イエス様は、決して楽観主義者（オプティミスト）ではなく現実主義者（リアリスト）だと思います。

私たちは「教会」という名の「この世」を、教会の中にしばしば作り出してしまいます。未信者よりも、中途半端なキリスト者の方がやっかいです。それは、聖書の言葉の表面的な意味は知っており、その言葉を使いながら行動するからです。

私たちは、神様の言葉によって自分の中にある罪を知らされなければなりません。そしてそれは、私たちの罪が赦されるために、罪を犯したことのないイエス様が、神様によって十字架で裁かれた事実を信じることによって、いつも新たに知らされるのです。その事実の前に、悔いくずおれる時、神を公式に収める似非《えせ》キリスト者であることから解放され、「イエスはキリスト（救い主）である」という信仰を、礼拝の中で賛美をもって告白しつつ歩むことができるのです。

するど、ある女性がイエス様を産んだ母親は何と幸せなのでしょうと、声高らかに言いました（11・27）。それに対して、イエス様は「むしろ、幸いなのは神の言葉を聞き、それを守る人である」

（11・28）とおっしゃいました。

イエス様は肉の繋がりではなく、霊において神と繋がり、神の言葉を聴き、その時感動するだけでなく、生涯にわたってそれを守って生きることこそ「幸い」だと言ったのです。なぜなら、そこに神の国に生きる現実があるからです。そして、イエス様は今日も私たちに「神の国の現実を生きよ」と招いてくださっています。一人ひとりが、その招きに応えることができますように。

36　イエス様から見たならば（11・29―36）

しるし

私たちは、誰もが目に見える「しるし」を欲しがるものです。目に見える形で事態が好転することを求め、そのしるしをもたらすものを求めるのです。メシア（救い主）と呼ばれる者は、このしるしをもたらすべきだと多くの人が考えています。「今の時代の者たちはよこしまだ」（11・29）というイエス様の言葉は、そのことを表すでしょう。しるしを求める人々に対して、イエス様はこう言われます。

「ヨナのしるしのほかには、しるしは与えられない。」（11・29）

イエス様はしるしそのものは否定されません。しるしはあるのです。ここで「ニネベ」（11・30）

と記されていることは重要です。ニネベとはアッシリア帝国の首都です。つまり、ユダヤ人から見れば、かつて自分たちの国を苦しめた敵国であり、神に見捨てられた異邦人の都です。そこに住む人々を悔い改めさせようと、神様は預言者ヨナをお遣わしになりました。ヨナは、異邦人を悔い改めに導くために遣わされることに抵抗し、船を使って遠くに逃げようとしました。しかし、彼は結局海に投げ出され、大きな魚に飲み込まれます。三日三晩、彼は魚の胃袋の中でこれまでの信仰を悔い改めて祈りました。その最後の言葉は、「救いは、主にこそある」（ヨナ書2・10）というものです。

魚は、主の命に従って陸地にヨナを吐き出しました。主は、ヨナに向かってニネベに行くことを改めて命じました。今度はヨナは、その命令に従ったのです。そして、アッシリアのニネベで「あと四十日すれば、ニネベの都は滅びる」（ヨナ書3・4）と預言をしました。ヨナの預言を聞いたニネベの人々は悔い改め、主なる神は彼らに災いを下すのを止めたのです。そのことに激しく怒るヨナに対して、主は「どうしてわたしが、この大いなる都ニネベを惜しまずにいられるだろうか。そこには、十二万人以上の右も左もわきまえぬ人間と、無数の家畜がいるのだから」（ヨナ書4・11）とおっしゃいました。

イエス様は、ここで「ヨナがニネベの人々に対してしるしとなったように、人の子も今の時代の者たちに対してしるしとなる」（11・30）と、おっしゃいました。先程のヨナの話の中で注目すべきことは、魚の腹の中での「三日三晩」と、「主の憐れみ」です。魚の腹の中は当然真っ暗です。死の闇に包まれた墓の象徴です。その闇の中から、ヨナは光の中に吐き出されました。その上で、彼は派遣され、ニネべの人に悔い改めを迫る預言をしたのです。そうしたら、ニネべの人たちは、御前に悔い改め、神に赦しを乞うた。すると、神は彼らを憐れみ、彼らを滅ぼさず、生かしたのです。

イエス様は、こう言われました。

「また、ニネべの人々は裁きの時、今の時代の者たちと一緒に立ち上がり、彼らを罪に定めるであろう。ニネべの人々は、ヨナの説教を聞いて悔い改めたからである。ここに、ヨナにまさるものがある。」（11・32）

神様は、イエス様を十字架につけ、十字架を通して人間の罪を裁かれました。イエス様は十字架の上で死に、葬られ、三日目に復活させられました。そのようにして、人間の罪を赦し、新しい命に生きる道を造ってくださったのです。それは神に選ばれた民であると自負していたユダヤ人と、神に見捨てられているとされた異邦人を、神は区別しないことを表しています。これが、十字架と復活のイエス様を通して表された神の憐れみです。しるしを求める者たちはユダヤ人、異邦人を問わず、自分が罪人であることを知りません。そして、イエス様はその罪が赦されるために十字架に向かっている。イエス様が「ヨナにまさるもの」（11・32）であることは、まさにそこにあります。

自分の罪

ソロモンの知恵を聞くために、はるばる「地の果て」（11・31）からやって来た女王（列王記上10・1以下を参照）は、「裁きの時、今の時代の者たちと一緒に立ち上がり、彼らを罪に定めるであろう」（11・31）と、イエス様はおっしゃいます。彼女はソロモンの知恵を聞くために、地の果てからはるばるやって来ました。これまで通り女王として君臨していたってよいはずです。しかし、彼女はそこに留まることを良しとせず、ソロモンの所まで来た。それは、自分は根本的に変えられなければいけないと思っていたからでしょう。その彼女が裁きの時に、しるしだけを求める人を罪と定めると、イエス様はおっしゃるのです。彼らは、自分が罪人だとは思っていないからです。

私たちは、自分のことが見えていないものです。自分が何を言っているか、何をしているのかが分からないことが多いし、その結果どうなるのか分からぬことが多いのです。自分のためにやっていることなのか、神のためにやっていることなのか、そのことを考えなければなりません。

礼拝生活を例にしてみます。自分の中に不安がある、憂いがある、それがなくなってほしい。そこで教会に行き、礼拝生活を始めた人は多いと思います。きっかけは人それぞれです。しかし、その後、自分の中に不安がなくなった。憂いがなくなった。だから教会も必要なくなった、という人が何人もいます。すべては自分のためなのです。自分にとって、あの時は教会が必要だったから日曜日の礼拝に出かけていた。でも今は平安であり、憂いもないから、教会に行く必要もなくなった。そういう場合がいくつもあります。しかし、実際は神の招きがあって初めて礼拝に出席できるのです。

私たちは、何が本当に自分のためなのか分かっていないことが多いのです。自分にとって何が必要で何が不必要か、という判断も自分なのです。右も左も分からないまま生きている私たちに対して、イエス様は「あなたの中にある光が消えていないか調べなさい」（11・35）と言われました。しかし、今は目について考えていきます。

目

イエス様は「あなたの体のともし火は目である。目が澄んでいれば、あなたの全身が明るいが、濁っていれば、体も暗い。……あなたの全身が明るく、少しも暗いところがなければ、ちょうど、ともし火がその輝きであなたを照らすときのように、全身は輝いている」（11・34―36）と言われました。

この「目」とは、「肉眼」のことではありません。肉眼で見えることとは部分的ですし、表面的なことに過ぎません。そもそも私たちは何でしょうか。性別や居住地、国籍などをいくら並べてみたところで、答えになっていません。私たち人間は、神の被造物なのです。この世的には、役に立たない人間はいるでしょう。病人や重い障がい者や高齢者などは、時に「わたしは何の役にも立たない人間だ」と言ったりします。この世がそう思わせるのでしょう。

しかし、神様は、「わたしの目にあなたは価高く、貴く」（イザヤ書43・4）と言われます。どんな人間であっても、神が造った被造物だからです。神が造られたのであれば、造られた理由なり目的があります。イエス・キリストは、ご自身を十字架につけることを通して、私たちが神と結びつく道になってくださいました。そして、イエス・キリストが私たちを照らす灯になってくださったのです。私たちの目が、このイエス・キリストを見る時、どんな時にも「全身は輝いている」（11・36）のです。

私たちが生きている世は、人間の価値を見ます。役に立つ価値を持っている人は価値ある人間とされ、そうでない人間は無価値な人間とみなされます。そこで驕《おご》り高ぶったり落ち込んだりします。しかし、いずれも目が濁っているのです（11・34）。イエス・キリストが私たちの罪を背負って神に裁かれ、十字架の死を通して罪人である私たちを贖《あがな》ってくださった。その御子イエス・キリストによって私たちに対する神の愛を見る。それが澄んだ目で見ることです。イエス様は、私たちにその目を求めているのだと思います。そして、私たちの中で光となってくださっているのがイエス様なのです。

37　神の愛と正義（11・37―53）

外側と内側

私は時に「説教では、御言葉だけを語れ」と言われることがあります。「御言葉は人間の内面のことを語っているのであり、外面のことは人それぞれ考えがあるのだから、そのことについては自分の考えを言うもんじゃない」ということでしょう。御言葉は内面のことだけを語っていると思っている。でも、それは大きな間違いです。御言葉、つまり、神様の言葉はそんなものではありません。イエス様はこう言われました。

「愚かな者たち、外側を造られた神は、内側もお造りになったではないか。」（11・40）

創造者なる神様は、外側も内側もお造りになったのです。その両者において、神様は、御心の実現を求めているのです。イエス様は「御国が来ますように」（11・2、マタイ6・10）と祈ることを弟子たちに教えられました。御国とは内も外もある神の国のことです。しかし、私たちは、内か外かのどちらかだけに偏りがちです。その方が分かりやすいからです。

今日の箇所は、ファリサイ派の人や、律法の専門家に対するイエス様の批判です。彼らは、信仰を目に見えるものに限定するのです。イエス様は、こう言われます。

「実に、あなたたちファリサイ派の人々は、杯や皿の外側はきれいにするが、自分の内側は強欲と悪意に満ちている。」（11・39）

これは、いわゆる偽善というものです。彼らは、自ら定めた信仰的基準を満たす行いができない人は、罪人であると考えました。この段落は、イエス様がファリサイ派の人から招待を受け、食事を始めた時に、彼らが定めたように「身を清められなかったのを見て、不審に思った」（11・38）ことから始まります。彼らの基準は目に見えるものです。目に見える基準で、人を義人や罪人と判断していたのです。そのことを突き詰めれば、結局、基準を定めた彼らが神の位置に立つことになります。「神に仕えている」つもりで、実は神の位置に自分が立ってしまう。しかも、そのことに自分では気づかない。そういう偽善が、彼らにはあります。イエス様は、彼らの内側は「強欲と悪意に満ちている」と言われました。

私たちも同じであることがいくらでもあります。私たちにも基準が必要です。基準がなければ判断ができないからです。そして、その基準に合った人を信仰者として認め、基準に合わなければ合わせようとしたり、駄目な人だと決めつけたりしがちです。自分の中にある強欲と悪意に気づかぬ偽善に陥ってしまうのです。

不幸だ

「不幸だ」と訳された言葉は、「ウーアイ」という嘆きの言葉です。「それにしても、あなたたちファリサイ派の人々は不幸だ。薄荷《はっか》や芸香《うんこう》やあらゆる野菜の十分の一は献げるが、正義の実行と神への愛はおろそかにしているからだ。これこそ行うべきことである」（11・42）と、イエス様は言われます。律法では、収入の十分の一を献げることが定められていました（申命記14・22以下など）。ファリサイ派の人々は、薄荷や芸香を量りつつ、正義の実行と神への愛はおろそかにしているのです。律法は本来、正義を実行し、神への愛を生きるために定められたものなのに、ファリサイ派は本末転倒して、律法を人を裁くための基準にするという偽善に陥ってしまう。イエス様は、その偽善に陥ることを不幸だとおっしゃっているのです。
イエス様は、さらに続けます。

「あなたたちファリサイ派の人々は不幸だ。会堂では上席に着くこと、広場では挨拶《あいさつ》されることを好むからだ。あなたたちは不幸だ。人目につかない墓のようなものである。その上を歩く人は気づかない。」(11・43—44)

彼らにとって大事なことは、自分たちを偉く見せることです。そして、本人も気づかないし、周囲の人も気づかない間に、自分たちの行為は信仰的なものだと思わせてしまう。

私は今、説教者ですから、こういうたとえが身に染みるのですが、礼拝堂に座っている人々を会衆と言います。だから、説教者は会衆を意識すべきです。説教は会衆相手のパフォーマンスという側面がありますから、聞きやすいように工夫すべきです。しかし、忘れていけないのは、真の聞き手は神だということです。人からどれだけ「良い話だった」と言われても、神様が「アーメンだ。私は今日、こういう話をしたかったのだ」と言われなければ、説教ではありません。しかし、いつしか説教者も会衆も本末転倒し、神の語りかけを人間の話にしてしまうことがあります。

ファリサイ派の人々に対するイエス様の言葉を聞いていた律法の専門家は、それは自分たちまで侮辱する言葉だと言いました。そのことに対してイエス様は、更にきつくこう言われました。

「あなたたち律法の専門家も不幸だ。人には背負いきれない重荷を負わせながら、自分では指一本もその重荷に触れようとしないからだ。あなたたちは不幸だ。自分の先祖が殺した預言者たちの墓を建てているからだ。……こうして、天地創造の時から流されたすべての預言者の血について、今の時代の者たちが責任を問われることになる。……あなたたち律法の専門家は不幸だ。知識の鍵を取り上げ、自分が入らないばかりか、入ろうとする人々をも妨げてきたからだ。」

（11・46—52）

律法の専門家に与えられている本来の役割は、神の言葉をその時代に合わせて伝え、人々に実行させることです。しかし、彼らは神の言葉を告げる預言者たちを迫害して亡き者にしてしまいます。なぜかと言えば、神に仕え、神の言葉を伝えるはずの彼ら自身が、自らの判断基準を絶対化することによって神になってしまうからです。その結果、その判断基準に合わない神の言葉を語る預言者たちを迫害し、神の言葉に従いたいと願っている人たちをも、信仰からそれさせてしまうのです。そのようにして、預言者たちが流した血の責任を「今の時代の者たち」（11・51）に取らせてしまう。意味は少し違いますが、「医者の不養生」という言葉を思い出します。

信仰者の代表のような人々が、こういう状態である。キリスト者においても似たようなことがあります。笑えない現実です。私たちは神の選びによってキリスト者にさせられたのであり、牧師も同じです。しかし、牧師は聖書に記されている神の言葉を、その時代の人々に説き明かす使命があります。その立場に立たされた人間が、自ら神の位置に立ってしまったら大変です。でも、そういうことがよくあります。

キリスト者は「あの人は良い人だ。クリスチャンになれば良いのに」と言ったりします。「敬虔なクリスチャン」という言葉もあります。元々神様から与えられた信仰が、人間のものになってしまうのです。信仰が、人に見せて評価してもらう才能とか能力になってしまう。よくあることです。まさにウーアイ（不幸）です。信仰は、神様からのいただきものなのに、自分のものになってしまい、人に見せびらかしたり、誇ったりしてしまう。そういう不幸に私たちは陥っていないでしょうか。

激しい敵意・愛と正義

「イエスがそこを出て行かれると、律法学者やファリサイ派の人々は激しい敵意を抱き、いろいろの問題でイエスに質問を浴びせ始め、何か言葉じりをとらえようとねらっていた」（11・53―54）とあります。誰でも自分の誇りを打ち砕かれれば傷つきますし、激しい敵意を抱くものです。以後、彼らは、律法違反の言葉を引き出すためにさまざまな問題でイエス様に質問を浴びせかけたのです。しかし、両者の言葉は平行線をたどるしかありませんでした。ファリサイ派の人々や律法の専門家は、目に見える基準を求めています。その基準で自分たちは義とし、基準を守れない人間は不義とするのです。イエス様は、神様が律法を通して求めている正義と愛の実行を考えているのです。

主イエスは、自分を排斥するファリサイ派や律法の専門家を含んだすべての罪人の罪が赦されるために、十字架の死に向かわれたのです。その死抜きに、罪人の罪が赦され、復活を通して罪人に新しい命が与えられるという愛と正義が貫徹されることはないからです。これは、イエス様だけが実行できる正義であり、愛です。だからこそ、この方のみがキリスト（救い主）なのです。私たちはキリストを信じる信仰によってのみ神に結ばれ、初めて、正義と愛を行う人間に造り替えられるのです。

38　神の前で豊かになるとは（12・1―21）

神の友人として

当時の人々がその権威の前に恐れ敬っていた律法学者やファリサイ派が身につけている権威と、イエス様の権威は別物でした。イエス様は、律法学者たちを少しも恐れる必要がありませんでした。イエス様にとって、神様からどう見えるかだけが問題であって、律法学者にどう言われるかは問題ではなかったからです。そのことが、この世における自由を生み出します。

とかくするうちに、数えきれないほどの群衆が集まって来て、足を踏み合うほどになった。イエスは、まず弟子たちに話し始められた。（12・1）

教会はこの世の中に異質なものとして立っています。会堂もそこに出入りする人も、好奇心や疑いの目をもって見られているものです。ある牧師は「クリスチャンになることは、日本人であることを止めることだ」と、説教の中で言いました。そうだろう、と思います。私たちは、この世の秩序の中にありつつ、この世に属することを止め、神様の国の秩序に生き始めているからです。だから、イエス様は「まず弟子たちに話し始められた」のです。教会には、教会でしか聞けない言葉があります。そのことに徹しないといけません。

イエス様は「ファリサイ派の人々のパン種に注意しなさい。それは偽善である。覆われているもので現されないものはなく、隠されているもので知られずに済むものはない」（12・1―2）と言われました。「敬虔なクリスチャン」という言葉は、偽善者を意味することがよくあります。信仰と偽善は、しばしば結びつきます。完全に信仰に生きるなんてできないくせに、自分はやっていると思い、信仰に生きていない人を裁く。そこに偽善が生じます。その偽善は、ファリサイ派の人々だろうとキリスト者だろうと同じです。そして、その事実は、自分では気がつかなくても、世の終わりには明らかになることなのです。「暗闇で言ったことはみな、明るみで聞かれ、奥の間で耳にささやいたことは、屋根の上で言い広められる」（12・3）からです。

イエス様は、私たちを「友人」（12・4）と呼びます。この言葉を聞くと、私たちはどうしてもヨハネ福音書の言葉を思い出します。そこでイエス様は、こうおっしゃっていました。

「友のために自分の命を捨てること、これ以上に大きな愛はない。」（ヨハネ15・13）

神様は、私たち一人ひとりの人間を愛しておられます。その愛は、私たちの罪を赦すために、独り子であるイエス様を十字架刑にするほどの愛なのです。そして、神様はイエス様を三日目に復活させられました。そのようにして、私たちに新しい命、愛と赦しに生きる命を与えてくださったのです。そのことがしっかり分かる時、「だれを恐れるべきか、教えよう。それは、殺した後で、地獄に投げ込む権威を持っている方だ。そうだ。言っておくが、この方を恐れなさい」（12・5）という、イエス様の言葉の意味が分かるのです。これは、いたずらに私たちの恐怖心を煽《あお》る言葉ではなく、キリスト者は神様に愛されていることと、世の終わりの時にその結果がはっきりすると言っているのです。私たちは「たくさんの雀よりもはるかにまさっている」（12・7）からです。

聖霊

私たちに与えられた信仰は、ただ自分の内面に押し込めておけば良いわけではありません。信仰とは内面に関わることであるがゆえに、外面に現れるものです。信仰告白は、その典型でしょう。内面だけの信仰はあり得ないことです。「イエスはキリストです」という信仰告白は、それが本当のものであれば、「人々の前で自分をわたしの仲間であると言い表す」(12・8)ことに現れます。

信仰告白ができるのは、自分と共に神様が生きてくださっていることが分かるからです。なぜ神様が自分と共に生きてくださっていることが分かるかというと、「聖霊」が生きて働いてくださるからです。聖霊こそが、私たちにイエス・キリストのことも父なる神様のことも教えてくださるのです。だから、「聖霊を冒瀆《ぼうとく》する者は赦されない」(12・10)のです。それは神様を冒瀆し、結局、神様の被造物である自分を冒瀆することになるからです。

そして、イエス様はこう言われます。

「会堂や役人、権力者のところに連れて行かれたときは、何をどう言い訳しようか、何を言おうかなどと心配してはならない。言うべきことは、聖霊がそのときに教えてくださる。」

(12・11―12)

なんと素晴らしい言葉でしょうか。自分に与えられた信仰、自分に与えられた神様の愛、それを表す言葉は、神様がその時に教えてくれる。私たちは、聖霊なる神様に信頼して、神様の愛を信じるという信仰を感謝して生きていく、そして証しをしていくのです。ある人は「権力者のところに連れて行かれ」るに違いありません。その時、何を言うべきかは聖霊が教えてくださるでしょう。私たちは、その約束を信じて生きているのです。

ここで「群衆の一人」が、イエス様に「先生、わたしにも遺産を分けてくれるように兄弟に言ってください」と言ったのです（12・13）。目に見える問題は、遺産相続です。でも、その奥にある問題は、人間の命です。この人は、自分の命は財産の上にあると思い、イエス様を財産を分配する裁判官や調停人であるかのように思っているのです（12・14）。しかし、イエス様は、そういう人ではありません。そして、こう言われるのです。

「どんな貪欲にも注意を払い、用心しなさい。有り余るほど物を持っていても、人の命は財産によってどうすることもできないからである。」（12・15）

「地獄の沙汰も金次第」とも言われます。両者は矛盾します。たしかにお金は大事です。しかし、お金が人間を作り出したのでしょうか。その逆です。人間は、自分で作り出したものに支配されてしまうのです。

神様の前での豊かさ

最近も、「老後の資金には二千万円が必要だ」ということが話題になりました。この国の平均寿命は長く、いろいろ難しい問題です。

イエス様は、一つのたとえ話をなさいました。それは、ある金持ちが豊作だった穀物をしまい込むために大きな蔵を建て、「さあ、これから先何年も生きて行くだけの蓄えができたぞ。ひと休みして、食べたり飲んだりして楽しめ」（12・19）と自分に言い聞かせるという話です。

しかし、人間は、明日事故に遭って死ぬかもしれません。そんなことを考えて、私たちは生きてはいませんけれど、実際はそうです。誰も、自分の命を自分のものとして「所有」しているわけではないからです。しかし、その事実には、目を閉じている。それは、自分の命に目を閉じているということです。

このたとえ話の終わりは、こうです。

「しかし神は、『愚かな者よ、今夜、お前の命は取り上げられる。お前が用意した物は、いったいだれのものになるのか』と言われた。自分のために富を積んでも、神の前に豊かにならない者

はこのとおりだ。」(12・20—21)

私は、「どういうわけか地上に生ある時に信仰を与えられた」と、しばしば言います。自分が今生かされていること、そして自分が今信仰を与えられていること、それは当たり前のことではないし、なぜあの人ではなく自分なのか、その理由は分からないからです。よく分からないけれど、神様が私を捕らえてくださり、私は「イエスはキリストである」と告白するキリスト者にされたのです。感謝なことです。

先日、テレビを見ていたらこういう場面がありました。高齢になったある女優が、幹から蒸気を出している木に寄りかかって「私は確かにこうやって生きている。わたしが生まれてきた意味が分かる」と言いました。その顔は、本当に満たされた安らかな顔でした。

自分が生まれてきた意味が分かる。それは本当に幸せなことです。私たちは、神様が独り子を十字架刑につけ、三日目に復活させることによって、新しい命を与えられた神様の被造物です。私たちには、それぞれ神様が与えてくださった賜物があり、生み出された目的があります。そして、聖霊なる主イエスが共に生きてくださいます。そのことを知る。そして神様に与えていただいた賜物を活かして神を賛美する。それが神様の前で豊かになる(12・21)ことではないでしょうか。

39　ただ神の国を求めて（12・22―48）

本末転倒

22節には「それから、イエスは弟子たちに言われた」とあり、48節には「すべて多く与えられた者は、多く求められ、多く任された者は、更に多く要求される」とあります。イエスをキリスト（救い主）と信じて従っていくことは、イエスに対する信仰抜きにはないことです。この信仰は、神に与えられたことです。その信仰に生きること、またその信仰を証ししながら生きることは簡単なことではありません。教会に生きる私たちは、イエスをキリストと信じ従う「弟子たち」です。そういう私たちに、イエス様は語っている。私たちには「多く任されている」。だから私たちは、「多く要求される」。そのことを、最初に覚えておきたいと思います。

イエス様は、ある時、「安息日は、人のために定められた。人が安息日のためにあるのではない」（マルコ2・27）と言われました。当たり前です。しかし、私たちはこの当たり前のことが分からなくなるのです。ここにあるように、体より衣服の方が大事だと思ってしまう。本質より方法が大事であるかのように思ってしまう。

最近、若い方と話したり、若い方に関する話を聞いたりしつつ、社会が分断されているなあとつくづく感じます。良いか悪いかは別にして、かつては「一億総中流」と言われていました。しかし、死語だと思っていた「階級」という言葉が生き返って、今は「現代は階級社会である」と言われたりします。そして多くの若者が、「自分は下層階級に属し、そこから抜け出すことは不可能である」と諦めているのです。つまり、自己尊厳意識が低く、「どうせ俺なんか」「私なんかが生きている意味はないんだ」と思ってしまう。そういう傾向が強いのだと思います。

私たちが生きている社会は、「その人間が持っているもの」を評価します。だから学校でも、持っているものの価値を高めるための教育をします。その評価が成績に現れます。そこで評価されないと、まるで人間そのものが評価されないかのように思ってしまう。そういう傾向があります。

また、子どもの世界にも大人の世界にも「いじめ」「ハラスメント」があります。それは「お前の代わりなんていくらでもいるんだ」「お前が生きている意味なんてないんだ」「死んでしまえ」という言葉や暴力的行為を伴う人格否定です。いじめている方も、家庭や職場などで否定されているのでしょう。その悲しみや鬱憤《うっぷん》を、他者を否定することで表しているのだと思います。自己尊厳意識を持てない者が、その悲しみを、他者を否定することで表現しているのかもしれません。
両者とも、創造者たる神に出会うしか救いはないと思います。両者を神に出会わせるために、イエス様の弟子たちはいるのではないでしょうか。

神と出会う

神は、人間が持っているものではなく、人間自身を評価します。創造主である神は、鳥よりも花よりも人間を価値あるものとして創造されたからです。イエス様は「あなたがたは、鳥よりもどれほど価値があることか」(12・24)と言い「今日は野にあって、明日は炉に投げ込まれる草でさえ、神はこのように装ってくださる。まして、あなたがたにはなおさらのことである」(12・28)とおっしゃいます。この神に出会う、そして、自分はこの神に造られた被造物であることを知る。神は、それぞれの被造物に「これをやってほしい」との願いを持っておられるのです。その願いを知る時、「お前なんて生きている意味はないんだ」というこの世の人格否定から解放され、自分は神に造られた存在であるという自己尊厳意識が与えられるのだと思います。

「何を食べようか」「何を飲もうか」に関して思い悩むのは、神の愛を信じていないからです。もちろん、信仰に生きる者たちがかすみを食べるような貧困の中を生きるべきだと、イエス様が言っているわけではありません。食べ物、飲み物（つまり「世の富」）が「あなたがたに必要なこと」（12・30）は父なる神がご存じであり、必要な分は与えてくださるのです。

イエス様はこう言われます。

「ただ、神の国を求めなさい。そうすれば、これらのものは加えて与えられる。」（12・31）

私たちは、この世に生きています。でも、この世に属しているのではありません。イエス・キリストに属し、今既に神の国（神の支配）を生きているのです。しかし、「この世」は続いています。この世の論理、この世の秩序は延々と継続し、いじめも虐待も戦争も延々と続いています。長いものには巻かれろ、という言葉があるとおり、私たちはしばしばこの世の論理に巻き込まれてしまいます。その方が信仰に生きて、流れに逆らうより楽なのです。でも、イエス様は「小さな群れよ、恐れるな。あなたがたの父は喜んで神の国をくださる」（12・32）と言って、励ましてくださるのです。キリスト者たちの本国は天にある（フィリピ3・20）のですから、富を天に積むように（12・33）、「あなたがたの富のあるところに、あなたがたの心もあるのだ」（12・34）と言われるのです。この世を生きている限り、私たちキリスト者に誘惑、試練はあります。しかし、キリストとの出会いを与えられ、信仰を与えられた今、私たちはイエス様の弟子なのです。だから神の国が実現するために生きることが使命です。その使命に生きる中で、食べるものや飲むものはそれに加えて与えられるものです。

目を覚ましている僕

イエス様は続けてたとえ話を語ります。そして、夜中であっても目を覚まして、主人の帰りを待っている僕に対して、主人は帯を締めて僕たちに食事をさせると言うのです。

そういうたとえを聞いて、弟子のペトロが「主よ、このたとえはわたしたちのために話しておられるのですか。それとも、みんなのためですか」(12・41)と、尋ねました。

私たちは、しばしばボスになってしまいます。教会の中でも、気がつくとボスになってしまうのです。神が教会を建て、イエス様が頭であることを信じ、喜んだのに、いつの間にかそのことを忘れ、教会は人が建てた建物になってしまい、まるで自分の教会であるかのようになっていきます。教会を「自分の教会」と思えることは大事です。しかし、愛着と愛は微妙に、しかし、本質的に違います。教会に愛着を感じるがゆえに良かれと思ってやっていることが、実は神のためではなく、自分のためであることはしょっちゅうです。知らぬうちに、教会が自分のものになってしまうのです。

イエス様は、こうおっしゃいます。

「主人の帰りは遅れると思い、下男や女中を殴ったり、食べたり飲んだり、酔うようなことになるならば、その僕の主人は予想しない日、思いがけない時に帰って来て、彼を厳しく罰し、不忠実な者たちと同じ目に遭わせる。」（12・45―46）

教会にとって大切なことは、神の国の完成に向けて歩んでいるという感覚です。イエス様が、世の終わりには必ず神の国を完成してくださる。その世の終わりは明日かもしれないし、ずっと先かもしれない。盗人がいつ来るか分からないように、世の終わりが、そして主イエスが再臨されるのがいつなのかは分からないのです。

教会は「既に」と「未だ」の間を生きています。イエス・キリストを通して、神様が神の国の土台を地上に既に据えてくださった。そして、いつの日か、神の国を完成してくださる。その神の国の王は、神がキリストとして遣わされたイエスであると宣言する共同体、それが教会です。

イエス・キリストを王にいただく神の国の秩序は愛と赦しです。「ただ、神の国を求めなさい」（12・31）とは、愛し得ない人を愛し、赦し得ない人を赦して生きることです。

イエス様は、こう言われます。

「すべて多く与えられた者は、多く求められ、多く任された者は、更に多く要求される。」（12・48）

私たちは、今や「多く与えられた者」であるがゆえに、多く求められる弟子なのです。だからこそ、神様がイエス様によって私たちを愛し、罪を赦してくださいましたことを、私たちの愛と赦しによって指し示す者でありたいと思います。そういう私たちと共に、イエス様はいてくださるのです。

40　神が望んでいること（12・49—59）

分裂・平和

イエス様はいつも優し気な笑みをたたえた温和な方である、というイメージがこの世にはあります。しかし、聖書の中で描かれているイエス様は、必ずしもそのイメージ通りではありません。いつも怒っているわけではありませんが、激烈な言葉を使い、一刀両断的なことをおっしゃいます。そして、どちら側で生きるのかと、決断を迫る。そういう方です。かなり厳しい方なのです。

イエス様はこう言われます。

「わたしが来たのは、地上に火を投ずるためである。……しかし、わたしには受けねばならない洗礼がある。それが終わるまで、わたしはどんなに苦しむことだろう。あなたがたは、わたし

が地上に平和をもたらすために来たと思うのか。そうではない。言っておくが、むしろ分裂だ。」（12・49―51）

イエス様は私たちの中に「火を投ずるため」に来た。「平和をもたらすために来た」のではなく、「分裂」をもたらすために来た、という言葉はイメージとは正反対です。でも、実際この通りではないかと思います。イエス様は続けて、家族の中でも分裂が起きるとおっしゃるのです。父と子、母と娘、姑と嫁の間が分裂するのです（12・52―53）。

イエス様をキリストと信じて従って歩むことは、生半可なことではありません。肉の家族の中に生きるのか、キリストに結ばれた神の家族の中に生きるのかという決断を迫られることだからです。

今でも同じかもしれませんが、かつては若い人がイエスをキリストと信じる信仰に生きると言うと、家族から、墓を守る気がないのか、結婚相手に困るぞ、就職に不利だぞとよく言われたものです。私の知り合いの女性は、お寺に生まれたのにミッションスクールの高校に行きました。二人の姉妹も、同じ学校に通ったのです。でも、彼女だけがキリスト教の信仰に生きる決断をしました。母親は、「そんなつもりで、あなたをあの学校に入れたわけじゃない」と言って、大反対しました。兄は、学校を出て、家の寺を継いでいるのです。でも、彼女は、神の家族の一員として教会生活をし、信仰を生き続けています。そのために、肉の家族との間に壁ができたことは否めないと思います。そういったことは、大なり小なり必ず起きます。

その学校の校歌に「この世にあって、この世に堕《お》ちず」という詞があったと思います。信仰を生きるとは浮世離れしたことではなく、しっかりこの世の中を生きつつ、愛と赦しを本質とする神の国を生きることです。信仰を生きることはこの世に火を、分裂を、対立をもたらします。でも、信仰を与えられることとなくして洗礼はなく、それに伴う苦しみもありません。だけど、信仰を生きることがなければ、キリストがもたらしてくださった平和もないのです。しかし、信仰を生き始めた時は、誰もイエス様の洗礼も苦しみを経た上での平和が何であるかを知りませんでした。

今の時

ここで、一転して主イエスは群衆に言われます。群衆心理という言葉がありますように、群衆の気分は何かのきっかけで変わりやすいものです。しかし、その中にいる個人は、自分はそうではないと思っています。つまり、自分のことを正しく見てはいないのです。しかし、そのことに気づいていないし、認めない。そういう群衆をイエス様は「偽善者よ」（12・56）と言います。

「あなたがたは、雲が西に出るのを見るとすぐに、『にわか雨になる』と言う。実際そのとおりになる。また、南風が吹いているのを見ると、『暑くなる』と言う。事実そうなる。」（12・54―55）

群衆は、雲が西から出ると「にわか雨」が降ると言ったり、南風が吹いてくると「暑くなる」と言い、その通りになる。しかし、今の時が何であり、自分がすべきことは何なのかになると、まるで分かっていない。つまり、自分のことが分かっていないし、今の時に自分が何をすべきかを全く分かっていない。そういう意味で、彼らは偽善者なのです。

「偽善者よ、このように空や地の模様を見分けることは知っているのに、どうして今の時を見分けることを知らないのか。」（12・56）

私たちはどうなのでしょうか。私たちは、さまざまなことに分かったようなことを言います。SNSなどが発達した今は、一億総評論家時代とも言われます。しかし、いざ今の時代に生きている自分のことになると、自信なげになったりします。

よく言われることですが、オギャーと生まれた時から、私たちは死に向かっている。それは誰に対しても当てはまる事実です。死は確実にやって来ます。「今の時」とは、今何が流行っているとかではなく、死に向かっている今この時ということです。「あなたは今、死に向かって生きている。そのことをきちんと見ているのか。見ていないではないか。だから、私はあなたたちを偽善者と呼ぶのだ」と、イエス様は言われるのです。

続けてこう言われます。

「あなたがたは、何が正しいかを、どうして自分で判断しないのか。あなたを訴える人と一緒に役人のところに行くときには、途中でその人と仲直りするように努めなさい。さもないと、その人はあなたを裁判官のもとに連れて行き、裁判官は看守に引き渡し、看守は牢に投げ込む。言っておくが、最後の一レプトンを返すまで、決してそこから出ることはできない。」
(12・57—59)

私たちにとって「今の時」は、牢に投げ込まれるために裁判官の前に連れて行かれる時だと、主イエスは言われます。つまり、私たちは、神に借りたのに少しも返していない罪人だとおっしゃるのです。

よく「自分の人生、どう生きようが勝手だろう」とか「自分の体のことは自分が一番分かっている」とか言います。私たちは、体も人生も自分のものだと思っているものです。でも、誰もオギャーと生まれる時を、自分で決めたわけではありません。そして、死ぬ時も自分で決めるわけではありません。最初も最後も自分で決めるわけではないのに、人生や体は自分のものと思い、好き勝手に生きている。体も人生も、神様が貸してくださったものであるならば、どういう目的で貸してくださったかを聞くべきでしょう。聞いたからと言ってすぐに分かるわけではないでしょうけれど、神様の願いに従って生きる時、私たちは、自分に与えられた人生を生きることができます。これが「何が正しいか」(12・57)という問いへの応えでしょう。

わが神、わが神

しかし、私たちは神様から借りたものを返せるのでしょうか。ユダヤ教の律法主義者たちは、律法を守ることによって返せるとしていました。それはつまり、自分の正しい行為によって、積み重なった借りを返済できるという考え方です。しかし、その考えそのものが傲慢《ごうまん》ですし、何も分かっていないことのしるしです。そうすることによって、神様と人間を隔てる壁はどんどん高くなり、レプトンをどんどん借りることになるのです。

イエス様は、そういう私たち罪人と神様の間に「平和」を造り出すために遣わされたキリスト（救い主）です。そのためにイエス様は苦しまなければならず、洗礼を受けなければならなかったのです。それは、正しくない者の罪が赦されるために、正しい者が罪人の罪を背負い、代わりに神の裁きを受けることでした。十字架の死が、イエス様の洗礼だったのです。

そこでイエス様は、こう祈られました。


「父よ、彼らをお赦しください。自分が何をしているのか知らないのです。」（23・34）

この方の十字架の死が、神様からの借りを返す唯一の方法なのです。この方をキリストと信じ、キリストの後に従っていく。ただこの方によって、「最後の一レプトンを返す」（12・59）ことができるのです。だから、私の罪の赦しのためにこの方が十字架の裁きを受けてくださったと信じる時に、この方を通して表された復活の命にあずかるのです。その時、キリストが私たちの内に生きておられます（ガラテヤ2・20）。そして、神が私たちに与えてくださった愛と赦しを生きることができるのです。

及川　信　おいかわ・しん

1956年、東京生まれ。1980年、立命館大学文学部史学科卒業（東洋史専攻）。

1984年、東京神学大学博士前期課程修了（旧約学）。

1984〜1986年、日本基督教団仙川教会伝道師。1986〜2001年、単立松本日本基督教会（現日本基督教団松本東教会）牧師。2001〜2017年、日本基督教団中渋谷教会牧師、青山学院女子短期大学、青山学院大学非常勤講師（キリスト教学）。

2017年4月より、日本基督教団山梨教会牧師。

《著書》
『アブラハム物語　上　説教と黙想』『アブラハム物語　下　説教と黙想』『アダムとエバ物語　説教と黙想』『ノアとバベル物語　説教と黙想』『天地創造物語　説教と黙想』『イエスの降誕物語　クリスマス説教集』（以上、教文館）『盲人の癒し・死人の復活　ヨハネによる福音書　説教と黙想』『主の祈り　説教と黙想』『神の国　説教』（以上、一麦出版社）

ルカ福音書を読もう　上　この世を生きるキリスト者

2020年7月22日　初版発行

著　者　及　川　　信
発　行　日本キリスト教団出版局
169-0051　東京都新宿区西早稲田2丁目3の18
電話・営業03（3204）0422、編集03（3204）0424
http://bp-uccj.jp

印刷・製本　三秀舎

ISBN 978-4-8184-1067-1　C0016　日キ販
Printed in Japan